✚HEALTH ECONOMICS✚

健康の経済学

医療費を節約するために知っておきたいこと

東京大学大学院医学系研究科教授
康永 秀生［著］

中央経済社

はじめに

健康は誰にとっても何物にも代えがたい大切なものです。

私たちが働いたり、余暇を楽しむことができるのも、健康であればこそ。

重い病気にかかれば痛み・苦しみを味わいます。働いたり趣味を楽しむゆとりもなくなるでしょう。最悪の場合、死に至ります。どれだけお金を稼ごうと、財産を蓄えようと、死んでしまえばおしまいでしょう。

ふだん健康な人たちはあまり意識しないかもしれませんが、医療は人々にとって実に身近な存在です。生まれてこの方、一度も医師に診てもらったことがない人はいないでしょう。

人それぞれに健康や医療に対する思いがあります。

なるべく元気で長生きしたい。

病気になったら良医に診てもらいたい。

医療費はいくらかかるだろう?

働けなくて収入が減るかもしれない。

お金がないと医療は受けられないのだろうか?

などなど、健康・医療にかかわる経済の問題は、個々人にとって切実な問題です。

毎月支払う保険料が高騰する⁉

日本の医療は、国全体にとっても深刻な問題を抱えています。国民医療費が高騰を続けているのです。年間40兆円を超え、国内総生産（ＧＤＰ）の８％を超えました。「国民医療費40兆円」と言われてもピンとこず、他人事のように聞こえるかもしれません。しかし他人事ではありません。

医療費の原資は、国民が支払っている保険料および税です。サラリーマンの方は給与明細をよく見てください。所得税だけでなく、健康保険料も毎月源泉徴収されています。自営業の方は、市町村に毎月支払っている国民健康保険料を確かめてください。あなたが健康で医療サービスを全く受ける必要がなくても、毎月医療費を支払っているのです。

「国民医療費が高騰する」とは、「あなたが支払っている保険料が高騰する」ことと同義です。

政治家も役人もエコノミストも、このまま医療費が高騰を続ければ日本の財政を圧迫し、もうこれ以上医療にかけるお金がなくなってしまうと言います。そんなことになったら私たちはどうやって生きていけばよいのでしょう？　それはさほど非現実的な話ではありません。

政府はこれまでも医療費高騰を抑制する政策を打ち続けてきました。しかしそれらは、医療の中身を考慮しないで一律に医療費を切り捨てるという方策です。医療費をバッサリ切ってしまえば、当然の帰結として医療の質は下がります。

医療従事者の過重労働によって医療の質はかろうじて維持されてきました。しかし、医療従事者が努力すれば何とかなる限界をすでに超え、医療は崩壊の危機を迎えています。

薬の使いすぎ、検査のやりすぎ、多すぎる病院

医療の質を維持しつつ、医療費を抑える方法があるでしょうか。全くないわけではありません。その方法とは、医療の中身に踏み込み、医療の無駄を省くことです。

何が医療の無駄なのかは、すでに明らかです。

薬の使いすぎ、検査のやりすぎ、多すぎる病院などが無駄です。これらの無駄を省けば、患者個人のレベルでも、国全体としても、医療費を節約できます。

では、それをどうして今までできなかったのでしょうか？ 医療の無駄は誰の責任でしょうか？ 患者たちには何の責任もありません。医学の専門家でもない患者が、医学的に合理的な行動をとることは難しいでしょう。

医療従事者の問題でしょうか？ そうではありません。医療従事者は、現行の医療制度の範囲内で、とりうる最適な選択肢をとっているに過ぎません。

今の政府が悪いのでしょうか？ もしくは役人たちの責任でしょうか？ 必ずしもそうではありません。医療制度は様々な歴史的経緯を踏まえて次第に作り上げられたものです。制度は慣

習を作ります。過去にはうまく機能していた制度・慣習が、今となっては古くなり、無駄を生む元凶になっているのです。

少子高齢化や長引く経済不況など、医療を取り巻く社会・経済環境が大きく変化しています。にもかかわらず、医療制度が変わるスピードは遅いのです。日本の医療はすでに制度疲労をきたしており、患者や国民が抱く理想の医療とのギャップは広がっています。

では、政治家の手で医療制度を大胆に変えればいいのでしょうか？　話はそう簡単ではありません。制度を変えるには国民の合意が必要です。すでにある制度の下で、物事がまがりなりにも動いている場合、国民の合意なしに制度を変えることはできません。

健康・医療に対する経済問題は、もはや政治家や役人や医療従事者に任せるだけでは立ちいかなくなっています。私たち国民一人ひとりが問題意識を持たなければ解決できないレベルに達しています。

賢く医療を利用すれば節約できる

では私たちは何をすればいいのでしょうか？　まずは先ほど申し上げた通り、自分が払っている保険料の金額を確かめてください。自らが日本の医療を支える当事者であるという意識をぜひ持ってほしいと思います。

次に、健康や医療にかかわる経済の問題について、身近なところから理解を深めていくのはどうでしょうか？　問題を理解した上で、一人ひとりが賢く医療を利用し、無駄遣いをなるべく避けて、自分の財布から出ていく医療費を節約することを試みるのです。

みんなが節約できれば、国全体の医療費も削減でき、働く世代の人々の負担も減って、みんな幸せになることが可能になるかもしれません。

さらに、今ある医療制度や政策の概略を理解し、それをただ受け入れるのではなく、ときに批判する意志を持ってほしいと思います。本書がそのための一助になれば幸いです。


本書は、「健康の経済学」、と銘打っています。しかし、こ難しい経済理論の話は一切省いてありますので安心してください。医学や経済学に関する予備知識がなくても、すんなり理解できるように、平易な記述を心がけました。

本書の目的は、健康や医療にかかわる経済の問題について、専門家でない一般の方々にもぜひ知ってほしい基礎知識を伝えること、そしてこの問題が全く他人事ではない、切実な自分事であることを知っていただくことです。

本書によって読者の方々の人生がより豊かになることを願っています。

2018年3月

東京大学大学院医学系研究科教授　康永秀生

目次

健康の経済学

健康や医療を経済で考えてみよう

1 健康・医療はみんなの関心事

健康や医療にかかわる問題は、多くの人々にとって重大な関心事です。「国民生活に関する世論調査」は、内閣府が毎年6－7月に実施するアンケート調査です。全国340市区町村において満20歳以上の対象者が無作為に抽出され、現在の生活、今後の生活、生き方・考え方、政府に対する要望について問われます。

平成26年調査では6254人が回答し、日常生活での「悩みや不安を感じている」と答えた者の割合が66・7％でした。「悩みや不安を感じている」と答えた人に、悩みや不安の内容を聞いたところ、57・9％が「老後の生活設計」、49・7％が「自分の健康」、41・9％が「家族の健康」を挙げていました。これはそのまま政府に対する要望につながっています。

今後、政府はどのようなことに力を入れるべきだと思うかという質問に対しては、68・6％が「医療・年金等の社会保障の整備」を挙げ、「景気対策」（58・7％）、「高齢社会対策」（54・9％）、「雇用・労働問題への対応」（42・5％）を上回りました。

前回の調査結果と比較しても、「医療・年金等の社会保障の整備」は65・9％から68・6％に上昇していました。

「自分の健康」と「老後の生活設計」は密接に関連しています。年齢を重ねれば「自分の健康」の問題は必発となります。「自分の健康」を損なえば「老後の生活設計」も修正しなければなりません。

人々の健康を支える医療の整備を、多くの人々が望んでいることも首肯できます。人それぞれに健康や医療に対する思いはあるでしょう。

健康長寿は多くの人々の願い。病気にかかれば、どこの医療機関に受診すればいいのか、医療費はいったいいくらかかるのか、お金がないと満足な医療は受けられないのか、などなど身近で切実な問題は尽きません。

2 健康・医療の問題は経済の問題

本書は、「健康の経済学」、というタイトルです。しかし、経済学の難解な理論に関する記述は全くありません。そんな話は眠気を誘うばかりだからです。

医学や経済学に関する予備知識がなくても、楽に一読できるように、なるべく身近な健康・医療に関するテーマを取り上げ、経済学の視点からわかりやすく解説しています。

日本の医療のベースは、国民皆保険制度です。ごく一部の例外を除いて、ほとんどの国民が「保険証」を持っています。けがをしたり病気にかかれば、保険証を持って病院やクリニックを受診します。そこで検査や治療を受けます。

かかった医療費の一部は自己負担となり、医療機関の窓口で支払います。医師が発行した処方箋を調剤薬局に持参し、薬をもらいます。そこでも窓口で自己負担金を支払います。自己負担を除く大部分の医療費は公的負担となっています。その原資は、国民が毎月支払っている保険料や税です。

家や車を買うのと医療は何が違う?

さて右記の一連のプロセスは、まさに経済です。経済とは、平たく言えば、「ヒト」「モノ」

「カネ」の動きです。医療経済の場合、「ヒト」とは国民・患者や医療従事者、「モノ」とは病院・クリニックや医薬品・医療機器など、「カネ」とは保険料・税・自己負担金などです。

一般の財・サービスと違って、医療サービスはきわめて特殊です。一般の財・サービスは、資力（お金）がなければ消費を控えればよいのです。家も車も、お金がなければ買わずに我慢すればすむ話です。

しかし医療サービスはお金があろうとなかろうと、その必要に迫られれば、消費せずに我慢することは難しいでしょう。なにしろけがや病気は痛み・苦しみを伴うからです。

また、医療サービスはそれを消費する人と費用を支払う人が同一ではありません。患者の負担は最大3割、残りの7割以上は患者でない国民から薄く広く徴収しています。患者の立場になると、低料金でサービスを受けられるから、切実な必要がなくても、なるべく多くのサービスを受けたくなります。これをモラルハザードといいます。

その一方で医療サービスは、できれば消費したくないシロモノです。好きで病気になる人はいません。病気になったから仕方なく医療サービスを消費するのです。つまり、誰も患者とは呼ばれたくないし、医療にお金を費やしたくないことでしょう。

医療費の増加は健康な人にとっても他人事ではない

国家のレベルで見れば、医療費は年々増加しています。健康な人々にとっても、これは決して他人事ではありません。日本の人口は減少に転じているのに、国民医療費が増加しているということは、国民1人当たりの医療費も増加しています。今は健康であろうと、誰しもいずれは病気にかかり医療費はかかります。

国民医療費が高騰する主な原因は医療技術の進歩や人口高齢化であり、どちらも不可避です。つまり国民医療費を今より減らすことはほぼ不可能であり、できることはせいぜいさらなる高騰を抑制する程度です。

高騰を抑えるには、医療の無駄を減らすこと以外にあまり手立てがありません。医療の無駄には先述のとおり「薬の使いすぎ」「検査のやりすぎ」「多すぎる病院」などがあります。

このように、健康・医療の問題は、国家の財政問題でもあります。それと同時に、個々人の家計の問題でもあります。国民一人ひとりが、まずは身近なところから健康・医療の経済問題についての理解を深め、賢く医療を利用し、無駄をなるべく避けて、自分の財布から出ていく医療費を節約することが大事ではないでしょうか。

多くの国民が医療費を節約できれば、国全体の医療費の高騰を抑制でき、保険料や税を多く支払っている若い世代の負担増をいくらか抑えられるかもしれません。

ありません。個人のレベルでできることと、できないことがあります。

3 本書の構成

国民一人ひとりが賢く医療を利用し、医療費を節約するといっても、そうたやすいことではありません。個人のレベルでできることと、できないことがあります。

第1章　検査を賢く選ぼう、**第2章　脱！　薬漬け医療**、**第3章　薬代を節約する**では、個人のレベルでできる「検査のやりすぎ」「薬の使いすぎ」を抑制するためのヒントを紹介しています。

医療の無駄の多くの部分を、「検査のやりすぎ」「薬の使いすぎ」が占めています。検査を賢く選ぶことは、医師だけでなく、患者にとっても重要です。薬の副作用を抑えるとともに薬代を節約するには、効果のない薬は使わない、安い薬を選んで使う、多剤併用の薬を医師に減らしてもらう、といった方法があるでしょう。

医療にかかる収支の構造を単純化していうと、保険料や税は国民にとって費用であり、医療機関にとっては収入です。医療機器や医薬品の代金は、医療機関にとっては費用であり、医療機器メーカーや製薬会社にとっては収入です。

「検査のやりすぎ」「薬の使いすぎ」を抑制することは、国民が支払った保険料や税金が医療機器メーカーや製薬会社といった民間企業に流れることを抑えることに他なりません。

第4章　効果がなくても薬が売れる!?では、医薬品について解説しました。超高額医薬品の登場によって、「医薬品亡国」の危機が起こりつつあります。医療技術の進歩によって次々に高額医薬品が誕生しているものの、費用に見合った効果があるかどうかを検証する「費用効果分析」が必要です。

また、効果がなくても売れてしまう「日本ローカル医薬品」の問題も明らかにしています。これらは患者個人のレベルで対処できる問題ではなく、医療サイドや政府による改善の努力が求められる領域です。

第5章　救急車は有料にするべきかでは、救急車および救急外来の適正利用に関する筆者の提言をまとめたものです。患者の協力によって医療の効率化を図れる好例です。

第6章　自由に病院が選べるのは良いことかでは、一般の方々が知って得をする、公的医療保険の仕組みをわかりやすく解説しています。「外来診療」の項では、日本の外来診療における「フリーアクセス」の非効率、および現状の「子供医療費助成」の不合理について説明し、「フリーアクセスはやめるべき」「子供医療費助成は低所得者に限定すべき」と提言しています。

第7章　日本に病院が多い理由では、日本の病院・病床の非効率の実態を明らかにしています。日本は1960－1970年代の経済成長期に、潤沢な税収をバックに、病院・病床を一気に増やしました。むしろそれをやりすぎたと言えるでしょう。

ところが平成大不況を経て、医療の財政基盤は脆弱化しました。さらに高齢化によって、人々が抱える健康問題も変容し、医療よりも介護のニーズが増大しています。医療インフラは過剰となり、介護のインフラが過小となっています。

しかし、一度作ってしまった150万床という巨大な医療インフラを縮小することを阻んでいるのは、他ならぬ、現状の制度と慣習です。

こうした現状を踏まえて、本書では、病院・病床の整理・廃止のあるべき道筋を提言しています。**第6章・第7章**で示した外来診療や病院・病床の非効率の解消は、純粋に政策レベルの課題であり、国民の合意がなければ成しえない課題です。

第8章　医師が無駄な医療を誘発する？、**第9章　規制緩和のメリット・デメリット**では、健康・医療の経済問題を読み解く上で参考となるこれら2つの難解なテーマを、なるべくわかりやすく解説しています。

第10章　医師は足りてる？　足りてない？　では、「医師不足」「医療崩壊」の実態を豊富なデータを用いて解説し、医師不足や地域偏在を解消するための方策について筆者のアイデアを提示しています。

第11章　どうしたら医療費を減らせるのかでは、国民医療費増加の要因を紐解いています。また「予防が国民医療費を削減する」という俗説を否定しています。さらに締め括りとして、これまで行われてきた医療費抑制政策を総括し、これからのあるべき医療費抑制政策についてまとめました。

政府はこれまでも医療費の高騰を抑えようと様々な政策を選択してきました。しかしそれらは、医療の質の維持を考慮しない、単なる財政調整に過ぎません。

限られた財源で医療の質を維持することは、医療現場に丸投げされています。そのために医療従事者の過重労働を招いています。しかしそれにも限界があり、医療は現場から崩壊しかかっています。

医療の崩壊を防ぎ、医療の質を維持しつつ、医療費を抑えることは非常に困難です。

前述した通り、数少ない対策のうちの1つは、医療の中身に踏み込み、医療の無駄を省くことです。

健康や医療の問題を、医学と経済学の複合的な問題として捉える視点が、日本にはまだ不足しています。多くの医療従事者は経済学を学んだことがないため、経済的な視点からの思慮が不足しています。

また、政治家や役人やエコノミストは医療の中身の理解が不十分で、医療問題を財政の側面のみから捉えがちです。

そのため、医療サイドと政治・経済サイドの間に現状認識のずれが生じ、両者に感情的な軋轢が生じ、不毛な対立をきたすこともあります。

健康・医療に対する経済問題の緩和は、医療従事者や政治家や役人に任せるだけではもはや立ち行きません。

　患者や国民の一人ひとりが問題意識を持ち、できることから行動を起こし、さらに医療の無駄を省くための政策に関する合意形成に参画しなければ、この問題は解決できないレベルに至っています。

第1章

検査を賢く選ぼう

1　検査の必要性

若きY医師の悩み

T病院に勤めるY医師は、週1回、夜間救急外来の当直を担当しています。昨夜が当直日でした。夜7時ころ、3歳の女の子が救急車で搬送されてきました。心配そうな様子の母親が救急車に同乗しています。母親に聞くと、女の子は自宅の階段から転落し、頭を打ったとのことです。転落直後、女の子は母親に「頭が痛い」と訴えていたそうです。慌てて母親が119番に電話し救急車を要請したとのことです。

Y医師は手順通り診察を進めていきました。嘔吐や意識障害はなかったそうです。意識ははっきりしており、会話の受け答えもしっかりしています。血圧も脈拍も問題ありません。神経症状はありません。左腕にすり傷がある以外は、頭にもどこにも、かすり傷もありません。左腕の関節を動かしても、特に痛みはありません。ベッドから起こし、ゆっくり立ち上がらせたところ、女の子はすぐに母親の元に駆け寄りました。

Y医師はすり傷の手当だけをして、母親に言いました。「腕のすり傷以外、けがはありません」

しかしそこで、母親に次のように懇願されました。

「頭が痛い、って言ってたんです。頭の中をけがしているかもしれないから、CTの検査をやってください！」

Y医師はCT検査が不要であることを告げ、母親には帰宅後も目を離さず女の子の様子を観察し、嘔吐やけいれん、頭痛の悪化などが認められた場合にはすぐにまた受診するよう言いました。

なかなか納得する様子のない母親を何とか説き伏せて、女の子ともども、そのまま自宅に帰ってもらいました。

次の日の昼、Y医師の携帯電話に、T病院のS事務長から連絡がありました。

「いや先生、実はね、昨日救急車で来た3歳の女の子、今朝になって今度はお父さんに連れられて来たんですけどね、そのお父さん、救急車で来たのに医者は何もしないで追い返した！って、ものすごく怒っていらっしゃったんですよ。院長先生にお願いしてね、結局、頭のＣＴを撮ってもらったんですけどね。いやもちろん、異常はありませんでしたよ。でもね、万が一ってことがあるから、念のためですよ。先生、それでね、今度からＣＴ撮ってくださいね。夜でも撮れますから。」

Ｙ医師、さすがにあきれてしまいました。

ＣＴ検査の有用性

ＣＴとは、コンピューター断層撮影法（Computed Tomography）の略です。Ｘ線を身体に照射し、コンピューターでデータを処理することにより、身体の断面を画像として描出する検査です。

ＣＴは、日本では１９７５年に導入されました。診断技術に革命をもたらした検査機器です。現在も様々な病気の診断に威力を発揮している、非常に有用な検査です。ＣＴなくして現代の医療は成り立たない、といっても過言ではありません。しかし、その有用さゆえに、乱用されがちです。

軽度の頭部外傷に対するＣＴ検査の有用性について、大規模な臨床データによる検討結果が世界的に権威のある医学専門誌であるランセット誌に２００９年に報告されました[1]。それによると、２歳以上の子供の場合、頭蓋骨骨折や高度の意識障害、意識変容（興奮・傾眠・同じ質問の繰り返し、会話の反応が鈍い）があればＣＴ検査が必要です。嘔吐・意識消失、激しい頭痛、激しい受傷機転があればＣＴ検査を考慮してもよいとされています。しかし、いずれもなければＣＴ検査は勧められません。

なぜなら、ＣＴ検査には放射線被曝のリスクというデメリットがあります。特に子供の場合は無視できません。

とはいえ、医学の専門家でない一般の方々は、そんなことを知らなくても無理はありません。「ＣＴ検査をすれば、体の中まで調べられるから安心」という先入観があるのかもしれません。冒頭のようなケースで、軽度の頭部外傷に対するＣＴ検査の無益性とリスクを説明したとしても、なかなか納得しない親はいるものです。親の強い希望で仕方なく子供のＣＴ検査を行うという医師もいます。

言われるままに実施するほうが診察時間の短縮につながります。

忙しい救急医療現場では、医師がＣＴ検査をしない理由をゆっくり説明して理解してもらう

1　Kuppermann N, et al. Identification of children at very low risk of clinically-important brain injuries after head trauma : a prospective cohort study. *Lancet* 2009 ; 374 : 1160-1170.

時間的なゆとりがないこともあります。さっさと検査をしたほうが早く帰ってもらえる、という意見の医師もいます。

ごく稀ながら、受傷直後は症状がない脳内出血のケースも全くないとは言えません。訴訟を恐れて、症状がなくてもCT検査を実施する、という意見の医師もいなくはありません。

CTを例に医療経済を考える

外来診療の場合、CTの1回の撮影料金は、7500円〜1万円です。患者の自己負担割合が3割の場合、患者自身の出費は2250円〜3000円となります。お手頃価格と言えば、そうかもしれません。

ちなみに人間ドックで受ける場合は公的医療保険の対象外なので、もっとお高くなります。

ところで、1万円の料金のうち、患者が支払うのは3000円。残りの7000円は誰が払っているのでしょうか？　言うまでもなく、国民が負担している「保険料」から支払われています。サラリーマンならば毎月の給料から天引きで、自営業者なら市町村の役所に直接支払っています。子供の場合はさらに子供医療費助成制度によって、自己負担分についても多くの場合、市町村から助成を受けられ、親の医療費負担は実質ゼロです。その原資は市町村の住民が支払う税金です。

図表1-1　人口当たりCTの台数・検査数の5か国の医療比較（2016年）

	日本	アメリカ	イギリス	ドイツ	フランス
人口100万人当たりCT台数	107.1	40.9	8.0	35.3	16.6
人口千人当たりCT検査回数	230.8	245.3	79.3	143.8	197.4

（出典）OECDヘルスデータ2017。

医療機関にとっては、外来でCT検査をすればするほど収入になります（ただし入院の場合は異なります）。こういう医療制度が、外来でCTを撮るという医師の判断の心理的なハードルを下げているのかもしれません。

日本では、あちこちの病院にCTが置いてあります。読者の方にも、CT検査を受けたことがある方は多いでしょう。

ちなみに私は幸いにも健康で、CT検査を受けたことはありません。「受けますか？」と医師に勧められたことが一度ありましたが、そのときの私の病状を勘案し、「3000円払って受ける価値はない」と判断したので、きっぱり断りました。そんな判断ができるのは、私自身が医師だからです。

図表1－1に示す通り、日本は人口当たりのCTの台数が、諸外国と比べて突出して多い国です。アメリカの2.5倍、ドイツの3倍、フランスの6倍、イギリスの実に13倍です。これには理由があります。

イギリスは国営医療であり、国レベルで大型医療機器の導入台数に厳密な規制をかけています。そうした医療機器を保有しているのは大病院だけです。

これに対して、日本は大型医療機器の導入に規制はなく、医療機関が自由に購入し設置することができます。そのため小規模の医療機関や、ときにはクリニックにまでＣＴが設置されていることがあります。

日本は人口当たりＣＴ台数が突出して多く、手軽にＣＴ検査が受けられるから不必要なＣＴ検査が多い、と言われることがあります。しかし日米の数値を比較すると、どうやらそれは違うようです。

ＣＴの人口当たり検査回数について言えば、日米の間で大差がありません。アメリカは日本よりもずっと少ない台数のＣＴで、人口当たりでいうと日本と同じくらいの数のＣＴ検査をこなしています。日本では全国津々浦々にＣＴが分散して配備されており、個々の機器の稼働率が低い。つまり非常に非効率な配分になっているのです。

日本でも、大型医療機器の配置にイギリスのような規制が必要ではないでしょうか？　多くの病院が猫も杓子も多額の費用を投入してＣＴを導入しても、稼働率が低くて、投資額の回収にすら四苦八苦するような状況です。それがいったい誰にとって幸せなのでしょうか？

利潤を得ているのは医療機器メーカーだけです。その設備投資の原資は、我々が払った「保険料」なのです。

さて、仮に日本のＣＴ台数に総量規制をかけ、ＣＴの台数を減らしたとして、「必要性のないＣＴ検査」という問題が解消されるわけではありません。

アメリカの数値から容易に類推されるように、ＣＴの台数を少なくしても稼働率を上げれば検査件数を増やすことはできそうです。

実際、必要でない検査を減らそうという動きは、日本以上にアメリカで活発です。

2 「賢く選ぼう」キャンペーン

検査の利益とは、言うまでもなく、病気の存在や程度を正確に診断する補助となり、それが治療につながり、最終的に患者の健康の回復に寄与することです。

検査の不利益とは、検査そのものによる身体的・精神的負担、費用負担などです。不利益が利益を上回る場合、その検査をやるべきではありません。

２０１１年にアメリカ内科専門医認定機構（ＡＢＩＭ）は、不要な検査や治療を減らすことを目指して、「Choosing Wisely（賢く選ぼう）」というキャンペーンを始めました。

「Choosing Wisely」とは、科学的根拠に基づかない不要な検査に伴う有害事象や医療費を減らすことによって、医療の質を高めるという考え方です。科学的根拠に基づいて患者にベストの医療を提供すること、医師と患者とのコミュニケーションを円滑にすること、という考え方が根底にあります。

このキャンペーンに共鳴し、多くの各専門領域の学会が、不要な検査のリスト作成に乗り出しました。これまで挙がっている不要な検査の一部を紹介しましょう。

- 軽度の頭部外傷でCT検査はしない
- 腹痛でむやみにCT検査はしない
- 小児虫垂炎の診断にCT検査はしない
- 急性腰痛で腰椎のX線検査は必要ない
- 大腸がんの内視鏡検査は10年に1回で十分
- アレルギーの評価に過剰なIgE検査は避けるべき
- 眼の症状がないのに安易に眼の画像検査をしない
- 成人の頸動脈狭窄は症状がなければ検査は必要ない

このキャンペーンがアメリカで起こった背景として、アメリカでは産業の効率化を重視する考え方が根底にあり、それは医療産業も例外ではないことが挙げられるでしょう。

このキャンペーンの特徴として、単に医師に対して検査を控えることを忠告するだけでなく、国民に対して「賢くなろう」と訴えかけている点が挙げられます。

それに対して日本では、医療の効率化という考え方はまだあまり根付いていません。それでも近年は変化の兆しがあります。

日本医学放射線学会という学会が、『画像診断ガイドライン　２０１６年版』（金原出版）という医師向けの指針をまとめました。科学的根拠に基づいて画像検査の推奨・非推奨を明記している、非常に優れた内容です。

今後は日本でも、一般向けにわかりやすいかたちで、科学的根拠に基づく検査の推奨・非推奨についての啓蒙が必要となるでしょう。

脱！　薬漬け医療

1　「かぜに抗菌薬」をやめよう

若きY医師の悩み

T病院に勤めるY医師は月・木の午前に内科の初診外来を担当しています。初診患者の約4割はかぜです。

48歳の女性。3日前からくしゃみ、鼻水と軽度ののどの痛み、咳があります。熱はありません。全身倦怠感はなく、食欲もあります。市販のかぜ薬を飲んでも軽快しないので来院したそうです。

Y医師は型通りに診察し、かぜと診断しました。鼻症状が比較的強いため、その症状を緩和する内服薬を処方することとしました。薬の説明をし、自宅での安静を告げたところ、患者から次のように懇願されました。

「抗菌薬を出してください」

患者からこのようなことを頼まれるのは日常茶飯事です。Y医師はいつも通り、かぜに抗菌薬は必要ないことを告げました。しかしこの患者は納得しません。

「私のかぜにはいつも抗菌薬が効くんです。かぜ薬を飲んでも効かないので、抗菌薬をもらいに来たんです」

抗菌薬の必要がないことの再度の説明に加えて、抗菌薬の副作用の可能性についても説明しました。しかし患者はそれでも納得しません。

「今まで抗菌薬を飲んで副作用が起きたことはありません」

今まで副作用がなかったのはたまたま運が良かっただけ、今回も副作用がないとは限らないと告げましたが、患者は納得する素振りもありません。

Y医師はなかば根負けして、この患者に抗菌薬を処方することにしました。

抗菌薬はウイルス感染症に効果なし

病気を引き起こす微生物には、細菌やウイルスなどがあります。細菌とウイルスの違いを簡単に言うと、形や大きさが違います。

細菌はひとつの細胞でできています。細胞だから、核や細胞膜を持っており、自己増殖が可能です。それに対してウイルスは、ＤＮＡやＲＮＡといった遺伝子がたんぱく質の殻だけで包まれている単純な構造です。細菌は、高校の理科の実験室に置いてあるような、光学顕微鏡で見られるサイズです。それに対してウイルスはもっと小さく、電子顕微鏡という大型の顕微鏡でしか見えません。野口英世は黄熱病の原因微生物を特定できませんでした。黄熱病はウイルスが原因です。野口英世が使っていたのは光学顕微鏡でした。

さて、抗菌薬とは、体内に侵入した細菌を死滅させたり、その増殖を抑制する薬です。抗菌薬という呼び方以外に、抗生物質や抗生剤とも呼ばれますが、ほぼ同じ意味です。

抗菌薬は、基本的にウイルスには効き目がありません。したがって、ウイルス感染症に抗菌薬は無効です。ウイルス感染症が重症化し、二次的に細菌感染を併発してしまった場合には、抗菌薬を使用することがあります。

かぜはウイルス感染が主な原因です。多くの場合、かぜに抗菌薬は無効なのです。かぜをこじらせて体力が低下し、二次的に細菌性の肺炎を併発してしまったような場合などに限って、抗菌薬が有効になります。

抗菌薬は単に無効というだけにとどまりません。抗菌薬の使いすぎは、薬剤耐性菌の発生という深刻な問題を引き起こします。薬剤耐性菌とは、抗菌薬を使い続けているうちに、突然変異によって産まれる、抗菌薬を投与しても死滅しない菌です。

つまり、かぜに対する抗菌薬使用は、無効であるばかりか有害です。

このような話は、医師であれば誰でも知っています。ところが、かぜで病院の外来やクリニックに受診すると、抗菌薬を処方されることがあります。

いったいどういうことでしょうか？ なぜ、無効で有害な薬が日常的に患者に処方されているのでしょうか？

「かぜに抗菌薬」は肺炎予防効果もなし

医師の中には、かぜと診断しても、二次的な細菌感染の予防を目的として抗菌薬を処方する必要がある、と主張する者もいます。しかしこの主張には根拠がありません。抗菌薬の予防的投与による肺炎などの細菌感染の抑制効果はほぼ認められません。

約１５３万人の患者を対象としたイギリスの大規模な研究によると、抗菌薬による二次感染予防の効果はほとんど認められず、抗菌薬による下痢や薬疹などの副作用の増加というデメリットのほうが上回っていました。[1]

1 Meropol SB, et al. Risks and benefits associated with antibiotic use for acute respiratory infections : A cohort study. *Ann Fam Med* 2013 ; 11 : 165-172.

別のイギリスの研究では、２００５～14年にイギリスの６１０のクリニックを訪れたかぜの患者の大規模データが分析されました。それによれば、約７０００人の住民がかかる平均的なクリニックにおいて、かぜで抗菌薬を投与する割合が10％減った場合に、１年間で肺炎発症が１人、10年間で扁桃周囲膿瘍が１人増加するにとどまりました。また、細菌性髄膜炎などの重大な合併症は増加しませんでした。

つまり抗菌薬処方がかなり減っても、それによる二次感染増加のリスクはきわめて低いと言えます[2]。免疫不全をきたす重い持病を抱えている場合など、特殊なケースを除いて、一般にはかぜに抗菌薬を投与するメリットはほとんどありません。肺炎にかかってから初めて抗菌薬を投与するほうがよいのです。

肺炎予防という科学的根拠のない名目で、かぜの患者に片っ端から抗菌薬を処方すれば、そのうちの一定割合の患者たちを副作用で苦しめることになります。

「かぜに抗菌薬」の実態

『日経メディカル』が医師を対象として２０１７年に実施したアンケート調査（有効回答数３６４２人）では、７割強の医師がいわゆるかぜに対して「抗菌薬は（ほとんど）処方しない」もしくは「基本的には処方しないが、患者の状況により処方することがある」と回答しました。

逆に、3割弱の医師は「（ほぼ）全員に抗菌薬を処方している」もしくは「基本的に処方するが、患者の状況により処方しないことがある」と回答しました。

2017年4月に開催された日本感染症学会と日本化学療法学会の合同学会においても、かぜに対する抗菌薬の処方実態に関するアンケート調査の結果が報告されました。医師612人を対象としたアンケートでは、かぜの患者またはその家族の約2割が「適応外であっても抗菌薬の投与を希望する」とのことです。また、約6割の医師が「説明しても納得しない場合は抗菌薬を処方する」と答えました。

90%を超える医師は、かぜへの抗菌薬投与と耐性菌増加について「幾分は関係する」、「大いに関係する」と回答しました。つまり医師は、抗菌薬の投与を控えようという意志はありながら、患者や家族の強い意向に沿って抗菌薬を投与している場合もある、と言えそうです。

ついに厚生労働省が動いた

実は、かぜに抗菌薬を処方するという「習慣」は今に始まったことではありません。日本の

2 Gulliford MC, et al. Safety of reduced antibiotic prescribing for self limiting respiratory tract infections in primary care : cohort study using electronic health records. BMJ. 2016 ; 354 : i3410.

医療現場で長年続けられていることです。日本だけでなく、海外でも見られます。

２０１４年に、イギリス政府の委託を受けて、オニール委員会という組織が薬剤耐性菌に関する報告書を公表しました[3]。その内容があまりに深刻です。

薬剤耐性菌について何の対策もとらなかった場合、２０５０年には薬剤耐性菌によって全世界で１０００万人が死亡すると予測されているのです。この数値は推計値に過ぎませんが、それほど的外れではないでしょう。

世界保健機構（ＷＨＯ）は、すべての参加国に対し、薬剤耐性に対する国家行動計画（アクションプラン）の策定を求めています。２０１６年のＧ７伊勢志摩サミットでは、経済・移民・テロといった重点課題に並ぶ世界的な課題として、「国際保健」も議論されました。その成果をまとめた「Ｇ７伊勢志摩首脳宣言」でも、薬剤耐性菌の問題について言及されました。

こうした国際的な流れを受けて、厚生労働省も本腰を入れ、薬剤耐性菌の問題に取り組んでいます。日常の医療現場における抗菌薬の使いすぎ、とりわけ、かぜに対する抗菌薬の乱用にメスを入れ始めました。

塩崎恭久厚生労働大臣（当時）は２０１７年４月８日、日本感染症学会と日本化学療法学会の合同学会で、「薬剤耐性（ＡＭＲ）問題に対する日本の取り組み」というタイトルの講演を行いました。その中で、特に経口の抗菌薬使用量の削減が日本の課題であると指摘しました。

「手引き」の中身

薬剤耐性対策として、まずは抗菌薬処方の適正化が不可欠です。厚生労働省は2017年6月1日、外来診療を行う医師を対象にした『抗微生物薬適正使用の手引き』を公表しました。[4]

この「手引き」の中身をわかりやすく解説しましょう。

いわゆる「かぜ」とは「急性気道感染症」を指します。急性気道感染症には、「感冒」、「急性鼻副鼻腔炎」、「急性咽頭炎」、「急性気管支炎」という4つのタイプがあります。

「感冒」とは、熱のあるなしにかかわらず、鼻症状（鼻水・鼻づまり）、のど症状（のどの痛み）、下気道症状（咳・痰）の3つが同時に同じ程度存在する状態です。「急性鼻副鼻腔炎」はくしゃみ、鼻水、鼻づまりが主症状です。「急性咽頭炎」は、のどの痛みが主体です。「急性気管支炎」は咳・痰が主なものです。

感冒はほぼウイルス感染が原因のため、抗菌薬を処方しないように手引きには書かれています。成人の急性鼻副鼻腔炎については、軽症例では抗菌薬投与を行わないこととし、中等症以上のみアモキシシリンという抗菌薬の使用を認めています。小児の急性鼻副鼻腔炎については、

---

3 Antimicrobial Resistance : Tackling a crisis for the health and wealth of nations. the O'Neill Commission. UK. December 2014.

4 http://www.mhlw.go.jp/file/06-Seisakujouhou-10900000-Kenkoukyoku/0000166612.pdf

原則として抗菌薬を使わないこととし、長期間治らない場合や重症の場合にのみ、アモキシシリンの内服を推奨しています。

急性咽頭炎については、成人・小児ともに原則として抗菌薬を用いないこととし、例外的に、簡易な検査でA群β溶血性レンサ球菌という細菌が検出された場合のみ、アモキシシリンの内服を推奨しています。

ただし、高齢者の場合は症状がはっきりしないこともあり、「かぜを引いた」と受診しても肺炎を併発していることもあり、注意深く診察する必要があります。バイタルサイン異常（体温38℃以上、脈拍数100回／分、呼吸数24回／分のいずれか1つ）と胸部聴診所見の異常のどちらかがあれば「胸部レントゲン撮影を含めて精査する」と手引きには示されています。

「薬を出せば医者が儲かる」は誤り

医師がかぜに抗菌薬を処方するのは、医師がお金儲けのためにやっている、というメッセージを聞くことがあります。これは誤りです。

厚生労働省は、薬を処方する病院・クリニックと、薬を提供する調剤薬局の経営を分ける、「医薬分業」を進めています。これにより、最近は病院・クリニックで発行された処方箋を、患者が病院・クリニックの外にある調剤薬局に持参して薬を受け取る「院外処方」が一般化しています。病院の外来やクリニックの医師が薬剤を処方したことによって得られる収入は、「処方箋料」（患者一人当たり1回680円）だけです。薬を多く処方したからといって、収入が上がるわけではありません。むしろ、7種類以上の内服薬を処方すると、「処方箋料」は1回400円と逆に下がります。

処方薬には、薬価という全国共通の定価がつけられています。この薬価が調剤薬局における薬の売値になります。薬局は医薬品の卸業者から薬を仕入れますが、この仕入れ値と薬価との差額が調剤薬局の利益の一部になります。これを「薬価差益」といいます。

厚生労働省は2年に1回薬価を改訂し、そのたびに薬価を下げます。そのため現在では、多くの薬の薬価差益はかなり低く抑えられています。

医師が外来で薬を多く処方すれば、その医師ではなく、調剤薬局の利益が上がります。しかしその利益も大きくはありません。一番儲かっているのは製薬会社です。

なぜ医師は効果のない治療を行うのか？

かぜに抗菌薬は無効なばかりか、副作用や耐性菌の発生などのデメリットもあります。ではなぜ、医師はかぜに抗菌薬を処方するのでしょうか？

前項で示した通り、抗菌薬を処方しても医師の儲けにはつながりません。つまり経済的な誘因で処方しているわけではありません。その本当の理由はなかなか複雑です。

ブリティッシュ・メディカル・ジャーナル（ＢＭＪ）という世界有数の権威ある医学論文誌に、２００４年に「なぜ医師は効果のない治療を行うのか？」というタイトルの興味深い論説が掲載されました[5]。

ＢＭＪはイギリスの医学論文誌です。どうやら、医師が効果のない治療を行うことがあるのは、日本だけでなくイギリスにもみられるようです。

この論説によれば、効果があるかどうか不明であり、ときに有害でさえある治療が、医師たちによって行われている理由として、以下の８つが挙げられています。

①　臨床的な経験
②　代替効果への過剰な信頼
③　疾病の自然経過
④　（誤った）病態生理モデルへの愛着
⑤　儀式や秘儀
⑥　何かをなすべき必要
⑦　誰も疑義を挟まない
⑧　（真または仮定の）患者の希望

少し難しいので、一部解説を加えましょう。

抗菌薬に限らず一般的に、医師は自らの「臨床的な経験」（①）に依拠して診療を行いがちです。ある薬を投与し、たまたま効果があった場合、医師はその一例を範例とみなし、以降もその薬を同じ病気の患者に使い続けることがあります。

しかしそれは薬の真の効果ではなく、「疾病の自然経過」（③）に過ぎないかもしれません。つまり、その薬を投与しなくても病気は自然治癒することがあります。にもかかわらず、薬によって治癒したと誤認することが、患者のみならず医師にもあります。

ある疾患が自然治癒するとしても、あるいは治癒の見込みがないとしても、目の前の患者に対して医師は、何もしないわけにはいかない、と感じることがあります。「何かをなすべき必要」（⑥）に迫られます。それは「患者の希望」（⑧）のせいであることもあります。

そうして実施される医療は、患者と医師の間に合意が形成されているから、多くの場合「誰も疑義を挟まない」（⑦）ことになります。

「誰も疑義を挟まない」ので、そういった治療が一般化してしまいます。科学的な根拠が乏しいにもかかわらず、古くから行われている治療は、年配の医師から次世代の医師へ、右にならえで伝わっていきます。そうなるとその治療は「儀式」（⑤）と化し、それをやることがむし

5　Doust J, Del Mar C. Why do doctors use treatments that do not work? *BMJ* 2004 ; 328 : 474-475.

ろ当たり前になっていきます。

このことを「かぜに抗菌薬」のケースに当てはめて考えてみましょう。

昔から医師たちは、目の前の患者に対して何もしないわけにはいかない、と感じることがあります。かぜが自然治癒するとしても、「家で寝ていたがなかなか治らない」「市販のかぜ薬を飲んでも効かない」と患者に訴えられれば、「何かをなすべき必要」⑥に迫られます。

「疾病の自然経過」③でかぜは薬を飲まなくてもたいてい自然治癒します。しかし、稀にかぜをこじらせ肺炎にかかることがあります。そこで昔の医師たちは、肺炎予防の名目でかぜに抗菌薬を処方してしまいました。それは「(誤った) 病態生理モデルへの愛着」④と言えます。

そうした処方は、患者と医師の間に合意が形成されているから、「誰も疑義を挟まない」⑦ことになりました。

「かぜに抗菌薬」が古くから繰り返されてきた結果、いつしかそれは「儀式」⑤と化し、それをやることがむしろ当たり前になってしまいました。

その結果、医師よりもむしろ患者のほうが、「臨床的な経験」①に依拠してしまうことになりました。以前にかぜをひいた際に抗菌薬を処方され、それを服用した後にかぜが治った経験があるため、自分のかぜには抗菌薬が効くと、一部の患者たちやその家族は信じ込んでいます。

実際には、抗菌薬を服用しなくてもかぜは自然治癒します。つまり、抗菌薬の服用とかぜの治癒に原因と結果の関係はありません。それをあると勘違いしているのです。

しかし、その勘違いは無理もないことです。自分の「臨床的な経験」を否定されても、そうそう納得できるものではありません。

かぜに抗菌薬は無効と説明しても、なかなか理解してくれないのです。

かぜに抗菌薬投与のメリットがほぼないことは、いくつかの大規模な臨床研究でも証明されてきました。しかし人々の「儀式」を改めることはそう容易ではありません。

どちらかといえば若い医師たちのほうが、「科学的根拠に基づく医療」を重視して、かぜに抗菌薬を処方することを控えようとします。患者にもそう説明しようとします。

しかし、忙しい外来診療の合間、説得に費やす時間の制限もあるため、ある意味で根負けして、「患者の希望」⑧に従って抗菌薬を処方してしまう医師も少なからずいるのでしょう。患者を帰すために処方する「グッドバイ処方」、と医師たちの間では言われています。

一旦は患者を説き伏せて、抗菌薬を処方せずに帰ってもらったとしても、患者は別のクリニックに行って抗菌薬を処方してもらうことができます。なにしろ日本の医療機関は「フリーアクセス」（患者が病院を自由に選べる）ですから。

その患者は抗菌薬を処方してくれなかった病院には二度と行かなくなるかもしれません。

患者への説明の仕方

前述の『抗微生物薬適正使用の手引き』では、抗菌薬を欲しがる患者にどのような説明が適切か、医師から患者への会話例も示されています。医師向けに書かれた文書ですが、一般の方々が読んでも役に立つでしょう。

急性気管支炎の場合の説明例は以下の通りです。

「あなたのかぜは咳が強い急性気管支炎のようです。熱はないですし、今のところ肺炎を疑うような症状もありません。実は、気管支炎には抗菌薬はあまり効果がありません。抗菌薬により吐き気や下痢、アレルギーなどの副作用が起こることもあり、利点よりも副作用のリスクが上回るため、今の状態だと使わない方が良いと思います」

前述したように、説明しても納得してもらえない患者はいるものです。とはいえ、患者が皆そうであるわけではありません。やはり、丁寧な説明が重要であることは言うまでもありません。

ひょっとすると患者の中には、薬そのものよりも「安心」を欲しがっている人たちがいるのかもしれません。かぜの患者に対して、その病状や有効な対処法、その後の経過の見通しについて丁寧に説明すれば、患者は安心し、医師への信頼も増すかもしれません。

経済的なメリット

「手引き」が全国の医療機関で順守されれば、抗菌薬の使用状況は大きく変化するでしょう。無駄な抗菌薬を使わなくて済む分、医療費の節約になります。

ちなみに「手引き」が推奨するアモキシシリン（商品名サワシリン）はペニシリン系の代表的な抗菌薬であり、古くから使われています。1カプセルの値段が10円前後と非常に安価です。よく処方されるレボフロキサシン（商品名クラビット）という抗菌薬が1錠約400円であることとは対照的です。そんな高い薬をかぜに使う必要はありません。

それだけではありません。抗菌薬を控えれば、抗菌薬による副作用もなくなります。副作用を治療するための医療費もかからなくなります。

もっと重要なこととして、薬剤耐性菌の発生に歯止めをかけることも可能でしょう。薬剤耐性菌による健康被害を減らせるだけでなく、それによる医療費の負担も軽減できます。

患者の健康のためだけでなく、経済的な面でも、「かぜに抗菌薬」をやめることは、患者にとっても国の財政にとってもメリットばかりあり、デメリットは何もありません。抗菌薬の適正使用を推進するには、個々の医師による努力だけでなく、政府による国民向けの啓発が必要でしょう。

2 「ポリファーマシー」（多種類の薬の服用による不健康）を解消しよう

「ポリファーマシー」とは

ポリファーマシーとは、病院やクリニックで処方された多種類の薬を服用しているために、かえって不健康な状態に陥っている状況を指します。

薬は病気を治療するために処方されます。しかし副作用もあります。薬を多種類服用すれば副作用が起こる確率は当然高くなります。薬同士の相互作用、いわゆる「飲み合わせ」が悪い場合にも副作用は起こります。

何剤以上服用すればポリファーマシーといえるか、特に定義はありません。単に薬の数が多いこと自体を、ポリファーマシーというわけではありません。

高齢になると複数の病気を持っていることが多くなり、適切な処方を行っても、必然的に薬の数は増えるものです。

例えば、高血圧と高コレステロール血症の持病があり、心筋梗塞で入院した経験のある患者の場合、降圧薬（血圧を下げる薬）、コレステロール値を下げる薬、抗血小板薬（血小板の働きを抑えて血液を固まりにくくする薬）など多種類の薬を服用することはよくあることです。患者にとって必要な薬であり、なおかつ有害事象が起こっていなければ、ポリファーマシーではありません。

２０１５年の厚生労働省の調査によれば、２つ以上の慢性疾患を有する高齢者では、平均６剤以上の処方が行われていました。認知症の高齢者においても、平均６剤以上の多剤処方が行われていることが明らかになりました。[6]

前述のように、単に薬の数が多いこと自体がただちに問題となるわけではありません。しかし、10種類以上になると、さすがに問題です。薬の種類によらず、10種類以上服用している場合を「ハイパーポリファーマシー」といいます。

厚生労働省の別の調査によれば、65－74歳では11・７％、75歳以上では27・３％の患者がハイパーポリファーマシーの状態でした。[7] ポリファーマシーは日本に限った問題ではなく、世界共通の課題です。あるイギリスの研究でも、入院患者におけるハイパーポリファーマシーの割合は、１９９５年から２０１０年にかけて1.9％から5.8％に増えていました。[8]

6 「平成26年度診療報酬改定の結果検証に係る特別調査」（平成27年度調査）。
7 http://www.mhlw.go.jp/file/05-Shingikai-12404000-Hokenkyoku-Iryouka/0000103301.pdf
8 All Wales Medicines Strategy Group（AWMSG）. Polypharmacy : Guidance for prescribing. 2014. http://www.awmsg.org/docs/awmsg/medman/Polypharmacy%20-%20Guidance%20for%20Prescribing.pdf

ポリファーマシーの弊害

本来病気を治すはずの薬も、多種類を同時に服用すると、かえって毒になることがあります。高血圧に対する降圧薬は、血圧が下がりすぎる副作用を起こすことがあります。糖尿病に対する血糖降下薬は、血糖値が下がりすぎる副作用を起こすかもしれません。どちらも、「ふらつき」という副作用により、転倒を引き起こすことがあります。

高齢者には睡眠薬もよく処方されますが、これもふらつき・意識障害という副作用によって転倒につながります。これらの薬を併用すると、ふらつきによる転倒のリスクはさらに高くなります。高齢者は転倒による骨折を起こしやすく、特に大腿骨頚部骨折（足のつけねの骨折）によって歩けなくなり、手術が必要になることもあります。場合によっては寝たきりになってしまうこともあります。

東京大学医学部附属病院の老年病科が発表した２０１２年の研究によると、都内のクリニックに通院している高齢患者１６５名を2年間追跡調査した結果、5剤以上服用していた患者の40％に転倒事故が発生していました。[9]

アメリカの研究でも、高齢者の入院の６分の１に入院中の薬物有害事象を認め、特に転倒が多いことが明らかにされています。[10]

なぜポリファーマシーが起こるのか？

ポリファーマシーの原因を紐解いていくと、実に様々なケースがあります。臨床的に適切でない薬や必要でない薬が処方されていることも多々あります。

1つ目は、薬の副作用を治療するために他の薬が処方される結果、薬の種類がどんどん増えていくというケースです。これを「処方カスケード」といいます。

2つ目は、患者側の問題です。患者が、薬の効果に対して過大な期待を寄せていることがあります。薬を飲むことで安心を得ようとします。病院やクリニックに行ったら、薬をもらわないと納得しないのです。

3つ目は、薬の処方について患者ごとの管理がうまくいっていないケースです。これは日本の医療制度の問題にかかわっています。患者は保険証1枚持っていれば、どこの医療機関にもかかれます。異なる複数の医療機関から処方を受けられます。個々の医療機関は、他の医療機関の処方内容を患者自身から聞き出さなければなりません。しかし、それが不十分になりがちです。複数の医療機関から処方された薬が、たまたま飲み合わせの悪い組み合わせであっても、

---

9 Kojima T, et al. Polypharmacy as a risk for fall occurrence in geriatric outpatients. *Geriatr Gerontol Int* 2012 ; 12 (3) : 425-430.

10 Hitzeman N, Belsky K. Appropriate use of polypharmacy for older patients. *Am Fam Physician.* 2013 ; 87 (7) : 483-484.

それが見逃されていることもあります。このような問題は医療のＩＴ化によって解消されるはずですが、なかなかそれが進んでいません。

４つ目は、薬の治療効果が科学的根拠に基づいていないケースです。十分な効果が認められない薬が長期間、漫然と投与されていることがあります。

例えば、現在ある認知症の治療薬は、認知症の初期に服用すれば、認知症の進行を少しだけ遅らせる効果があります。しかし、すでに進行した認知症には効果がないにもかかわらず、初期段階を過ぎても投与されていることがあります。明らかに無駄な処方です。

一度処方された薬が、病気が治癒しても漫然と継続投与されていることもあります。入院患者の退院時処方が、退院後のフォローアップを引き受けたクリニックで処方され続けられていることもあります。

コレステロールを下げるスタチンという種類の薬は、心筋梗塞の予防効果があることが科学的に証明されています。日本人を対象とした大規模な臨床試験の結果もあります[11]。

実際に、スタチンは有用な薬であり、スタチンを服用すれば、血液中のコレステロール値は確実に下がります。だからといって、血液検査でコレステロール値が高い患者全員にただちにスタチンを処方することは誤りです。コレステロール値がかなり高ければ、即処方ということもありますが、通常は、まずは食事療法や運動療法が勧められます。それらを十分に行った上で、それでも数値が高止まりしている場合には、スタチンの内服を考慮してもよいでしょう

（こうしたアプローチは、高血圧や糖尿病の治療でも同じです）。

スタチンを投与する目的は、心筋梗塞などの動脈硬化性疾患の予防です。余命1年以内と診断された患者では、スタチンを投与し続けても患者の生活の質（ＱＯＬ）を改善する効果は期待できません[12]。また、80歳を過ぎるとスタチンによる心筋梗塞予防効果は減少するという研究結果もあります[13]。

しかし、80歳を過ぎても元気な患者は多く、年齢だけでは割り切れません。とはいえ、加齢によって嚥下機能（ものを飲みこむためののどの働き）が衰え、薬を飲むこと自体をつらいと感じている高齢者も少なくありません。そういう方には、薬を減らすほうがＱＯＬを改善できるかもしれません。

---

11 MEGA Study Group. Primary prevention of cardiovascular disease with pravastatin in Japan (MEGA Study) : a prospective randomised controlled trial. *Lancet* 2006 ; 368 : 1155-1163.
MUSASHI-AMI study. Effects of early statin treatment on symptomatic heart failure and ischemic events after acute myocardial infarction in Japanese. *Am J Cardiol* 2006 ; 97 : 1165-1171.

12 Kutner JS, et al. Safety and benefit of discontinuing statin therapy in the setting of advanced, life-limiting illness : a randomized clinical trial. *JAMA Intern Med* 2015 ; 175 : 691-700.

13 Ble A, et al. Safety and Effectiveness of Statins for Prevention of Recurrent Myocardial Infarction in 12 156 Typical Older Patients : A Quasi-Experimental Study. *J Gerontol A Biol Sci* Med Sci 2017 ; 72 : 243-250.

減薬のすすめ

　ポリファーマシーに陥っている患者は、薬を減らす必要があります。それによって薬の有害事象を減らすことができ、患者のＱＯＬを改善できる可能性があります。

　厚生労働省は「診療報酬」という各医療サービスの全国一律価格を決めており、診療報酬は２年ごとに改訂されます。２０１６年診療報酬改訂の際に、ポリファーマシーの患者に「減薬」すると、医療機関にボーナスが与えられる仕組みが導入されました。

　具体的には、入院患者が入院前に６種類以上の内服薬を処方されていた場合、入院中に２種類以上の内服薬を減薬すると、退院時に２５００円が病院にボーナスとして支払われます。

　減薬の方法については、国内外で医師向けのガイドラインにまとめられています。日本では、日本老年医学会の「高齢者の安全な薬物療法ガイドライン」が大変有用です。同ガイドラインでは、重篤な有害作用が出やすい薬剤、有害作用の頻度が多い薬剤の一群を「高齢者に対して特に慎重な投与を要する薬物リスト」として挙げています。リストに記載されている薬物はなるべく処方しないことが望ましく、服用薬に該当薬物があれば中止または変更を考慮するとし、医師がこのガイドラインを用いて減薬することが勧められています。

　薬の服用が、高齢者にとって危険性が有効性を上回る場合は中止します。より安全な代替薬がある場合はそちらに切り替えます。同じ薬効の薬が複数処方されている場合は１剤にまとめます。日本老年医学会は、「高齢者が気を付けたい多すぎる薬と副作用」という一般向け啓発用パンフレットも作成し、公表しています[14]。

パンフレットでは、「高齢者の薬との付き合い方」として、以下の5か条を示しています。

- 自己判断で薬の使用をやめない
- 使っている薬は必ず伝えましょう
- むやみに薬を欲しがらない
- 若い頃と同じだと思わない
- 薬は優先順位を考えて最小限に

医師が高齢者の認知機能、日常生活動作（ＡＤＬ）、生活環境などを総合的に勘案し、患者本人の服薬管理能力について把握した上で、減薬を行うことが理想です。薬の有効性に関する科学的根拠に基づいて、不適切処方の解消を進めるべきです。

しかし実際には、科学的に正しいアプローチのみを前面に押し出した対策だけでは、患者の納得が必ずしも得られず、減薬があまりうまくいかないこともあります。患者の価値観や取り

14 https://www.jpn-geriat-soc.or.jp/info/topics/pdf/20161117_01_01.pdf

巻く状況をある程度くみとる必要もあります。

そのためには、1人の患者をトータルで診る「かかりつけ医」や「かかりつけ薬剤師」の担う役割が重要になります。かかりつけ医、かかりつけ薬剤師がきちんと患者の服薬状況を管理し、ポリファーマシーをできるだけ減らす仕組みを作らなければなりません。しかし現状では、かかりつけ医、かかりつけ薬剤師がまだ十分に機能としているとは言えません。複数の医療機関を受診する患者は増加しており、75歳以上の後期高齢者では5割近くにまで達します。

残薬の問題

薬を処方内容通り服用することを、服薬アドヒアランスといいます。多くの患者が、医師に処方された薬を用法通りに服用せず、残していることがあります。これを残薬といいます。

残薬の発生状況を調べたある調査では、約6割の患者に残薬がありました。

高齢者の場合、残薬がおこる割合は、薬が1種類の場合で42・7%、6種類以上では65・2%ありました。薬の種類が多いほど、服薬アドヒアランスが低下します。しかし、たった1種類でも4割以上に残薬は起こります。残薬によって、年間100億円の薬剤費が無駄になっている、という試算もあります[15]。

残薬には2つの原因があります。1つは、単なる飲み忘れです。もう1つは、何か患者なりの理由があって薬を飲もうとしないことです。

例えば、ネットや週刊誌に載った薬の副作用や危険性をあおる無責任な記事を読んだ患者が、自己判断で内服を中止してしまうようなことです。これは大変危険なことです。どんな薬にも副作用があり、薬を服用することにはリスクを伴います。それを上回る利益があるからこそ、薬を服用するのです。ネット上で玉石混交の医療情報が氾濫することを、止めることはできません。そういう記事を読んで、患者の薬に対する意識が高まること自体は、あながち悪いことばかりでもありません。医師にはよりいっそう薬に関する説明能力が求められるようになるでしょう。

薬が多すぎて飲み切れないから飲み残す、という患者も少なくありません。ふらつきなどの薬の副作用があり、それを医師には訴えずに、家族にも黙って箪笥の奥に薬をしまいこんでいる患者もいます。薬が飲みづらい、薬を減らしたい、薬を飲みたくないならば、その気持ちを積極的に医師に訴えるべきです。良心的な医師は患者の訴えに耳を傾け、患者の価値観や取り巻く状況をくみとって、飲みやすい薬に変更したり、薬を減らしたり、場合によっては薬を中止してくれるはずです。

15 http://www.mhlw.go.jp/file/05-Shingikai-12404000-Hokenkyoku-Iryouka/0000103301.pdf

第3章 薬代を節約する

1 セルフメディケーションで医療費を節約できるか？

セルフメディケーションとは

セルフメディケーション（self-medication）は「医者に頼らず自分自身で薬を買って飲むこと」と解されがちです。しかし厳密に言うとそうではありません。世界保健機構（ＷＨＯ）はセルフメディケーションを「自分自身の健康に責任を持ち、軽度な身体の不調は自分で手当てすること」と定義しています。

あるアンケート調査では、約１０００人の対象者のうち、「セルフメディケーション」という言葉を知っている人が約47％と、おおよそ半数でした。この言葉が広く一般に浸透しているとはまだ言えないようです[1]。

軽い病気・けがのとき、「セルフメディケーションを活用する」と答えた人は51％、「病院・診療所に受診」が46％とほぼ半々です。「セルフメディケーションを活用する」と答えた人は、若年者では63％、中年では61％に対して、高齢者では39％だったそうです。ご高齢の方は医療機関にかかりやすい傾向があるようです。

セルフメディケーションという言葉を知っている人のうち、実際にセルフメディケーションを活用している人の割合は62％。それに対して、セルフメディケーションという言葉自体は知らなかったがセルフメディケーションを実践していた人の割合は42％でした。

生兵法《なまびょうほう》は危険？

医師たちの中には、セルフメディケーションに対して懐疑的な意見もあります。

『東京都医師会雑誌』では同医師会の先生が「生兵法は大怪我のもとにならなければ良いが」

1　成井、他、『医薬品情報学』2013：14：161-169

というタイトルの論説を書いておられます。[2]

初期には軽い症状であっても、実は重い病気が潜んでいることがあります。自己判断で医療機関への受診をずっと控えていると、病気が重症化するケースもあります。

セルフメディケーションにこだわって長期間医療機関にかからないのは、確かに生兵法であって危険です。しかし、初期の軽い症状はセルフメディケーションによって対処し、それで軽快しなければすぐに医療機関にかかればよいでしょう。

セルメディケーション税制に効果はあるか

政府はセルフメディケーションを推進しています。その目的は、はっきり言えば、患者の医療機関への受診を抑制し、それによって国民医療費を抑制することです。

日本一般用医薬品連合会は、セルフメディケーションについて、「軽度な身体の不調を市販薬などにより自ら手当てすることは、自身のＱＯＬ（生活の質）の改善に役立つだけでなく、国の財政を圧迫している医療費の適正化にもつながります」と謳っています。しかしこれは、一般用医薬品を売りたい立場の人たちの意見なので、鵜呑みにはできません。

「セルフメディケーション」と「市販薬を買うこと」は同義ではありません。市販薬を用いることが、医療機関を受診することと比べて、より「ＱＯＬの改善に役立つ」とも言えません。

セルメディケーションの目的は製薬会社やドラッグストアの売り上げに貢献することでもありません。

政府は、セルフメディケーションを国民にもっと奨励すれば、国民医療費を減らせるのではないか、と考えているようです。2013年に閣議決定された日本再興戦略にも「セルフメディケーション」という言葉が盛り込まれました。

さらに2017年1月から、一部の市販薬を対象に「セルフメディケーション税制」がスタートしました。セルフメディケーション税制とは、市販薬の購入費用に対する「医療費控除」の特例です。

「医療費控除」とは、家族全員に1年間でかかった医療費から10万円を差し引いた金額に、所得税の税率を掛け合わせた金額を還付するシステムです。

医療費控除を受けるには確定申告が必要です。医療費控除の対象となる医療費には、病院・クリニックの会計窓口で支払った自己負担金、調剤薬局で支払った薬代などが含まれます。

実際のところ、家族全体の年間の医療費が10万円を超えることはなかなかありません。大病して入院したり、大きなケガで長期間通院したりといったケースでなければ、まず10万円は超

2 石川友章「セルフメディケーションの行方 生兵法は大怪我のもとにならなければ良いが」『東京都医師会雑誌』2016；69：768-772

えません。一方、セルフメディケーション税制は、年間の市販薬購入費が1万2000円を超えれば適用されます。といっても、対象となる市販薬はいわゆるスイッチOTC医薬品に限定されます。

スイッチOTC医薬品とは、従来は医師の処方箋が必要な医療用医薬品であったもののうち、規制が緩和されて、一般用医薬品としてドラッグストアなどでも購入可能となったものです。ガスター、ロキソニン、ニコレット、アレグラ、アレジオンなどが具体例です。

また、セルフメディケーション税制による控除を受けるためには、特定の健康診断を受診している必要がある、医療費控除との併用はできない、控除される購入費の上限は8万8000円、といった細かい制約もあります。

例えば、課税所得が400万円の人が1年間に3万円のスイッチOTC医薬品を購入した場合で考えてみましょう。3万円からセルフメディケーション税制の下限である1万2000円を除いた1万8000円が所得から控除されます。所得税率を20%、住民税率を10%とすると、セルフメディケーションの還付金額は以下のように計算できます。

18000円×20%（所得税率）＝3600円
18000円×10%（住民税率）＝1800円
3600円＋1800円＝5400円

3万円のうち5400円が戻ってくるわけですから、納税者がこの制度を利用するのは一定のメリットがあると言えるでしょう。

とはいえ、残り2万4600円は実費を支払っているわけです。これでは依然として、高齢者にとっては医療機関にかかって処方してもらったほうが安上がりです。

つまり、現状のセルフメディケーション税制によって、高齢者にもセルフメディケーションが普及するとは言えません。

なお、セルフメディケーション税制は2021年12月31日までの時限的な制度であり、その後に恒久化されるかどうかは未定です。

セルフメディケーションで医療費を抑制できるか？

軽い病気ならば、病院やクリニックにかからず自宅で養生するなり、市販薬を購入して使用するなりして、自分で治すほうが医療費の自己負担額は安くすむのか、かぜを例に考えてみましょう。

市販のかぜ薬を買って飲む場合と、医者に診てもらってかぜ薬を処方してもらう場合、患者さんの自己負担額はどちらが高くなるでしょうか？

仕事がある人たちは、医療機関に受診するために失う時間を考えれば、セルフメディケーションの方が安上がりかもしれません。しかし、すでに仕事をリタイアした高齢者にとっては、医療機関に受診するほうが安上がりです。

特に、75歳以上の高齢者の多くは医療費の自己負担割合が1割ですから、100%自費で市販薬を買うよりも、クリニックでかぜ薬を処方してもらう方が自己負担額は低くなります。

つまり、現状のセルフメディケーション税制による医療費削減効果は、あってもわずかでしょう。

2 後発医薬品のすすめ

後発医薬品（ジェネリック医薬品）とは？

製薬会社による医療用医薬品の開発には、巨額の費用と長い期間を必要とします。そのため製薬会社は、医療用医薬品の製造後に特許を取得し、特許期間中は独占的に製造・販売することにより開発費用を回収し、さらに利益を上げます。そして、得られた利益は次なる新薬の開発費用として投資します。

特許の期間が満了すると、同じ成分を有する医薬品を他の製薬会社も製造・販売することが可能になります。開発費用がかからないので、安価に製造・販売できます。このような薬を、後発医薬品（またはジェネリック医薬品）と呼びます。

比較的大手の製薬企業が新薬を開発しています。それに対して、後発医薬品に特化した製薬企業は比較的小規模です。後発医薬品メーカーは小さい企業のため、過去には製品の安定供給が困難なこともありました。また、主成分は同じであっても添加物が異なっており、製造法も先発医薬品と完全には一致しないため、薬の効果や安全性に必ずしも信頼がおけないという意見もありました。

実際、かつての後発医薬品は「安かろう悪かろう」というイメージが先行する部分もありました。そういうイメージはなかなか払しょくされないもので、いまだにそう思っている医療従事者も時々見かけます。

しかし、後発医薬品市場は成長を続けており、後発医薬品メーカーの経営の体力もかなりついてきて、薬の品質も供給体制も以前とは比較にならないほど改善しています。

後発医薬品の効果について、興味深い論文があります[3]。

不整脈の治療薬の先発医薬品と後発医薬品を比較した医学論文20編のうち、後発医薬品に対

3　伊藤かおる、他「経口抗不整脈薬の先発医薬品とジェネリック医薬品の臨床比較研究の文献レビュー」『医療と社会』2016；25（4）：417-429

して肯定的な論文が14編、否定的な論文が6編ありました。ところが、肯定的な論文の方が研究の質は高く、否定的論文は小規模で質の低い研究が多かったそうです。否定的論文には、はじめから後発医薬品を否定することを前提とした、「ためにする論文」が多いようです。

医学的に公正に判断すれば、概して後発医薬品の薬効が先発品に劣るとは言えないようです。

後発医薬品の価格

医療用医薬品は、厚生労働省が定める全国一律の価格が定められています。これを薬価といい、薬価は2年に1回改訂されます。同じ薬は改訂のたびに薬価を下げられます。後発医薬品の価格は、先発品よりもかなり低く抑えられています。

プラバスタチン・ナトリウムという薬は、コレステロールを下げる薬の代表です。プラバスタチン・ナトリウムは一般名（成分名）であり、先発品の商品名はメバロチンです。1989年に第一三共製薬が製造販売を開始しました。特許はすでに切れており、多くの後発医薬品が発売されています。

メバロチン10㎎錠の現在の薬価は1錠84・8円です。1日1錠服用なので1か月だと84・8×30＝2544円です。患者自己負担が3割の場合は、2544×0.3＝763円になります。

メバロチン10㎎の後発医薬品の薬価は1錠33・7円です。1か月の自己負担は33・7×30×0.3＝303円。先発品に比べて、金額にすれば1か月当たり460円の節約です。

1つの薬だけでこの額ですから、複数の薬ならばさらに節約できるはずです。少ない額とは言え、何年も飲み続ける薬です。ちりも積もれば山となります。患者の家計をいくらかでも楽にできるでしょう。

後発医薬品を手に入れるには

医療用医薬品は、医師の診察を受け、処方箋を発行してもらい、調剤薬局で受け取ります。先発医薬品も後発医薬品もその点は同じです。後発医薬品を手に入れるには、医師や調剤薬局の薬剤師に相談すればいいでしょう。

病院の外来やクリニックで医師に薬を処方してもらう際、「後発医薬品にしてください」と医師に頼んでみてはどうでしょうか。良心的な医師ならば快く受け入れてくれるでしょう。ご心配なく。医師の収入には影響しません。

「この薬は新薬なので、後発医薬品はありません」と言われたら、「後発医薬品のある別の薬に替えてください」と頼んではいかがでしょうか？　血圧を下げる薬、コレステロールを下げる薬、血糖値を下げる薬、抗菌薬など多くの薬は、たいていの場合、わざわざ高い新薬を使わなくても、少し古いタイプの後発医薬品でも十分に効果があります。

これまで厚生労働省は、後発医薬品を普及させるためにいろいろな手を施してきました。

２００６年に処方箋の様式が変更され、医師が処方箋中の「後発医薬品への変更可」欄に署名すれば、調剤薬局で先発医薬品を後発医薬品に変更して調剤することが可能となりました。

２００８年に再び処方箋の様式が変更され、医師が「後発医薬品への変更不可」欄に署名しない限り、調剤薬局で後発医薬品に切り替えてもよいことに変わりました。

２０１０年から、後発医薬品の処方割合が高い調剤薬局は、「後発医薬品調剤体制加算」というボーナスをもらえるようになりました。その結果、患者が調剤薬局に行けば、頼まなくても薬剤師の方から進んで後発医薬品を勧めるようになりました。

さらに２０１２年には、医師が処方箋に先発医薬品の商品名ではなく一般名（成分名）を書くと、医療機関が「一般名処方加算」という処方箋1枚当たり20円のボーナスをもらえるようになりました。

なんとまあケチなボーナスですが、ちりも積もれば山となります。このボーナスの導入によって、クリニックの約6割は一般名処方を行うようになりました。一般名で書いてあれば薬局は後発医薬品を提供してくれます。

ある調剤薬局の調査によると、多くの患者は後発医薬品という言葉を知っていても、その内容の理解までには至っていないことが多いそうです。後発医薬品のことをよく知っている患者ほど、調剤薬局で後発医薬品を選択する傾向が高いといいます[4]。

別の調剤薬局の調査によると、調剤薬局の薬剤師が継続的に情報提供すると、患者の後発医薬品に対する認知度は上がり、後発医薬品の希望者も増えるそうです[5]。

なぜ政府は後発医薬品を普及させたいのか?

後発医薬品を普及させることは、患者自己負担の軽減や国民医療費の削減につながります。国民医療費をどの程度削減できるかは、様々な試算があります。2009年にOECDは、日本が後発医薬品の割合をアメリカ並みの90%程度まで普及させることができれば、総医療費を7%(GDPの0.5%)削減することができると試算しました[6]。

日本の政府もこれを強力に進めています。「骨太の方針2015」に盛り込まれた「財政健全化計画」の具体策の1つとして、後発医薬品の普及が謳われました。

さらに2017年6月の閣議決定では、「2020年(平成32年)9月までに、後発医薬品

4 櫻井秀彦、他、「保険薬局における後発医薬品への変更に対する患者意識調査」、『医薬品情報学』2011;12(4):149-157

5 山本晃之、他、「患者の後発医薬品に対する意識変化と傾向の検討」、『薬局薬学』2017;9(1):169-174

6 OECD Economic Surveys: Japan 2009 (Report). OECD. (2009-08-13). doi: 10.1787/eco_surveys-jpn-2009-en. ISBN 9789264054561.

の使用割合を80％とし、できる限り早期に達成できるよう、更なる使用促進策を検討する」とされました。

患者は先発品から後発品に切り替えることで、自分のフトコロから出ていく医療費をいくぶん減らすことができます。国民医療費を抑制できれば、国民が支払う保険料や税金額の上昇もいくらか抑えられるでしょう。

後発医薬品メーカーはますます潤いますが、割を食うのは先発品メーカーの方です。先発医薬品メーカーは当然のように後発医薬品の普及には難色を示しています。

彼らが反対する論理はこうです。先発医薬品メーカーの売り上げが落ちれば、新薬の研究開発に回す資金が不足し、日本初の新薬開発が阻害されます。後発医薬品の普及という政策は、医療業界の経済活性化という別の政策とは相容れません。

まあ、一理はあるでしょう。しかし、だからと言って、後発医薬品普及の手を緩める決定的な理由にはなりません。

先発医薬品メーカーが特許の切れた商品の売り上げにいつまでもこだわり続け、新薬の開発ができないようでいると、その存在意義すら危うくなるでしょう。

余談ですが、２０１５年に、安倍晋三首相が議長を務める経済財政諮問会議において、民間議員が示した改革案は行き過ぎでした。後発医薬品の割合を80～90％へ引き上げるという提案はよかったのですが、さらに２０１８年度から「参照価格制度」を導入するとまで言い出して、多方面から反発を買いました。

「参照価格制度」とは、特許が切れた先発医薬品に対する公的医療保険の給付額を後発医薬品の薬価と同額とし、先発医薬品の薬価との差額分は患者が負担する、というものです。

医療費の負担を患者個人に付け回すという無理筋の提案であり、当然に却下されました。

第4章

効果がなくても薬が売れる!?

1　高額医薬品が国を亡ぼす？

お騒がせ医薬品「オプジーボ」

がん治療の新しいタイプの薬である「免疫チェックポイント阻害薬」が注目されています。その中の1つ、「オプジーボ」（一般名ニボルマブ）は、2014年に「根治切除不能な悪性黒色腫」に対する治療薬として承認されました。

「悪性黒色腫」とは聞きなれないかもしれませんが、皮膚がんの一種です。発売当時の薬価は100㎎1瓶が約73万円と高額でした。悪性黒色腫という比較的頻度の少ないがんを対象としていたためか、あまり注目はされませんでした。

しかし、2015年12月に「切除不能な進行・再発の非小細胞肺癌」へ適応が拡大されました。肺がんというメジャーながんにも使えるとなれば、対象患者数は激増します。そのため、いい意味でも悪い意味でも一気に注目を浴びることとなりました。

通常、1回で体重1㎏あたり3㎎（体重65㎏ならば約200㎎）を、2週間間隔で点滴注射します。発売当初、100㎎1瓶が約73万円だったので、1回に2瓶使えば約146万円でした。1年間継続すると約3500万円という額に達しました。

日本は国民皆保険制度であり、さらに高額療養費制度を備えています。オプジーボを使用する患者の自己負担は最大でも年間約123万円であり、残りの3377万円は全て公的負担となりました。

早期がんなどを除くオプジーボの対象になる患者数を、少なく見積もって2万人程度と仮定しましょう。もし全員がオプジーボを使用すれば、年間の総額は3500万円×2万＝7000億円となります。

この薬はさらに腎がんや悪性リンパ腫や頭頸部がんにも適応が広げられています。

このままどんどん適応が拡大し続け、仮に患者数が4万人まで増え続けたとしたら、総額1.4兆円となります。国民医療費の年間総額が約40兆円、そのうち薬剤費の総額は約10兆円です。たった1つの治療薬だけで1.4兆円とは何ごとでしょうか？　古今東西、お高い薬は数多くありますが、ここまで高額となれば世も末に近い、と言いたくなります。

「年間３５００万円」という数字にはメディアも注目しました。国会でも議論されました。厚生労働省も、薬価を協議する場である中央社会保険医療協議会（中医協）も動きました。経済学者たちも注目しました。日本の著名な経済学者である伊藤元重・東京大学名誉教授もこの問題に鋭く切り込んでいます。[1]

医師たちの間でも、さすがに「年間３５００万円」は高すぎる、これはまずい、と考える先生たちも現れました。[2]

この問題には２つの側面があります。１つは新薬の値段の付け方という問題、もう１つはこの薬がそれだけのお金を払う価値があるかどうかという問題です。

薬価制度の問題

オプジーボは２０１５年に肺がんへの適応拡大が承認され、対象患者数が大幅に増大したにもかかわらず、２０１６年の薬価改定では薬価は据え置かれました。薬価改定は2年に１回なので、次の薬価改定である２０１８年までこの値段が維持されるはずでした。

日本での価格が約73万円に据え置かれている間に、イギリスでは約15万円、アメリカでは約30万円にまで価格が引き下げられました。ここに、薬価がすぐには下がらない日本の制度の問題が垣間見えます。

薬価を決める方式の1つに、製造原価と流通経費に製薬企業の利益を上乗せする「原価計算方式」があります。オプジーボの薬価算定もこの方式を採用しています。

この方式では、対象患者数も薬価計算に組み入れられています。そもそも最初に悪性黒色腫の治療薬として承認された段階では、患者数500人ぐらいで採算が取れることを想定して、100mg1瓶73万円と高額な薬価がつけられたのです。

利用者が数万人単位になってもなお、同じ薬価であるというのは全く筋が通りません。2年に1回の改訂というようなスピード感では、適正価格の設定は困難です。

オプジーボの登場は、画期的な新薬が医療財政を破綻の危機に導く恐れを露呈しました。これを放置するわけにはいきません。

政府はオプジーボを狙い撃ちして、2016年11月、オプジーボの薬価の緊急引き下げを決めました。製薬会社が公表した年間販売額1260億円をもとに、50％の薬価引き下げが行われました。2017年2月1日に正式に引き下げられ、100mg1瓶73万円から半額の36・5万円になりました。

1　伊藤元重「[地球を読む]　薬価制度改革　国の財政圧迫　厳しく検証」『読売新聞』2016年12月4日。
2　國頭英夫「コストを語らずにきた代償〝絶望〟的状況を迎え、われわれはどう振る舞うべきか」『週間医学会新聞』2016年3月7日。

しかし、これで終わりではありません。政府はさらに、薬価の毎年改定を含む薬価制度の抜本改革を目指すこととしました。オプジーボのように適応拡大によって対象患者が増えた場合、それに速やかに対応するため、年4回薬価を見直すという方針も示しました。

これはオプジーボのみにとどまらず、製薬業界全体に影響します。

薬価引き下げ対象となる医薬品の範囲、引き下げの方法、販売量の把握方法など、実務的には多くの課題があります。

しかし「医薬品亡国」を防ぐために必要な政策であるがために、どこからもほとんど異論は出てきません。

もちろん、医薬品の適応を拡大するためにも相応の研究開発費がかかります。患者数が30倍に増えたら薬価は30分の1にすべき、といった類の議論は乱暴です。

闇雲な大幅引き下げは、製薬会社が新薬を開発する意欲を削ぐことになりかねない、という点には配慮を要します。

オプジーボの効果

オプジーボは、通常の抗がん剤よりも重篤な副作用の頻度は低いといえます。肺がん患者に対する奏効率（がんが縮小する確率）は約20％です。

つまり5人に1人しか効果がありません。

薬価が半分に下がり、年間の治療費は1人当たり約1800万円となりました。5人ならば9000万円です。つまり5人の患者に年間総額9000万円の薬剤費を投入し、1人の患者の腫瘍を縮小できます。

1つ注目される点として、5人に1人しか効かないものの、効いた患者にはその効果が長く持続することが挙げられます。従来の抗がん剤は「効いた」といってもその延命効果はせいぜい数か月です。ところが免疫チェックポイント阻害薬では、延命効果が数年以上に及ぶ患者もいます。

どの患者に効果があるのか、事前に予測することはできません。したがって、現時点では対象となるすべての患者に投与するしかありません。この治療に期待をかけているがん患者が多いのも当然のことです。医師も、患者が希望すれば治療を拒む理由はありません。

今後の医薬品に関する学術研究の方向性の1つとして、薬剤が効く患者と効かない患者を事前に見分ける新規技術の開発に力を入れるべきでしょう。それによって薬の無駄打ちを防ぎ、副作用の回避のみならず、薬剤費の軽減にも役立つことになります。

そういった研究を行う医学研究者に対して、政府はもっと研究費を補助すべきでしょう。

2 医療サービスの費用効果分析

若きY医師の悩み

Y医師が担当する外来に通っているMさん（68歳・男性）。Mさんは長年糖尿病を患っています。日課の散歩や食事面での節制を続けており、少量の糖尿病薬の内服のみで血糖値もヘモグロビンA1cの値も落ち着いています。

ところがMさんは最近、血圧も高くなってきました。糖分の制限に加えて塩分の制限も励行しましたが、なかなか血圧は正常化しません。

そこでY医師は「高血圧治療ガイドライン」で推奨されている降圧薬（血圧を下げる薬）であるアンジオテンシンⅡ受容体拮抗薬（ARB）を処方することとしました。

製薬各社から様々なARBが発売されています。以前、ある製薬会社の医薬情報担当者から聞いた新薬の名前を思い出しました。

ちなみに医薬情報担当者（MR）とは、医療機関を訪問し自社製品の情報を医師に提供する製薬会社社員、平たく言えば営業マンです。

Y医師は「今日の治療薬」という医薬品事典でその新薬の効果・効能、用法・容量を確認しました。「今日の治療薬」には各医薬品の薬価の情報も掲載されています。

ふだんはあまり気にかけないのですが、その折はその薬の薬価も確認しました。Mさんが以前、毎月かかる医療費の負担がバカにならない、とこぼしていたことを思い出したからです。その新薬の薬価が、目玉が飛び出るほど高いことがわかりました。少し悩んだ末、その薬は処方せず、以前から使い慣れている古いタイプの安価なARBを処方することとしました。

医療サービスの効果

医薬品を含む医療サービスの効果には、「真の効果」と「代替効果」があります。「真の効果」とは、疾病の予防や治癒、生存年の延長、生活・生命の質（quality of life：QOL）の改善などが含まれます。

これに対し「代替効果」とは、検査値の正常化などが含まれます。

降圧薬やコレステロール値を下げる薬は、何を目的に服用するのでしょうか？

降圧薬の服用によって、血圧は正常範囲内に低下します。コレステロールを下げる薬を服用すれば、血液中のコレステロール値は確実に低下します。

それらが動脈硬化を予防し、ひいては心筋梗塞・脳卒中の予防につながり、結果として生存年の延長をもたらします。

つまり降圧薬やコレステロールを下げる薬の「真の効果」は「心筋梗塞・脳卒中の予防」で

あり「生存年の延長」です。

しかし、これらの「真の効果」が現れるには数年・数十年の歳月を要します。したがって、これらの効果を測定するには、多くの患者を数十年にもわたって追跡調査する大規模な臨床研究が必要となります。

患者は降圧薬やコレステロールを下げる薬を飲み続けても、これらの「真の効果」を実感することはありません。患者が実感するのは、「血圧の低下」「コレステロール値の低下」という「代替効果」です。つまり「真の効果」に至る長いプロセスのうちのほんの入り口の部分です。

実際のところ、個々の患者に「血圧の低下」「コレステロール値の低下」という「代替効果」が得られても、それが最終的にすべての患者の「心筋梗塞・脳卒中の予防」や「生存年の延長」という「真の効果」につながるとは限りません。

降圧薬Aと降圧薬Bの比較であれば、心筋梗塞・脳卒中の発生率が効果の指標になります。ワクチンXとワクチンYの比較であれば、感染症の発生率が効果の指標になるでしょう。しかし、いずれの指標を用いても、降圧薬とワクチンの効果を直接比較できません。効果の指標を「生存年延長」にそろえれば、両者は比較可能になります。

近年は、単に生存年延長を目指すだけでは不十分であるとされます。ＱＯＬを改善することも医療の目的の1つである、と考えられるようになってきました。

そこで、生存年にＱＯＬを組み合わせた質調整生存年（Quality Adjusted Life Years：

QALYs）という概念が導入されています。ＱＡＬＹｓは「クウォリーズ」と読みます。

ＱＡＬＹｓの計算には、「効用値」を組み入れます。

効用値とは、「死亡」を０、「完全な健康」を１とし、個々の患者のＱＯＬを０から１の範囲に換算した数値です。効用値はＥＱ－５Ｄといわれる質問票などを用いて算出可能となっています。

ＱＡＬＹｓは左記の式を用いて算出します。

ＱＡＬＹｓ＝効用値×生存年数

例えば、完全に健康な状態で10年生きることと、不健康な状態で10年生きることは、生存年10年である点は同じでも、それらの価値は同じとは言えません。

完全な健康の効用値を１、ある軽い障害の状態での効用値を0.8と仮定します。それぞれの状態で10年生存した場合のＱＡＬＹｓの値は以下のように計算できます。

完全に健康な状態（効用値＝１）で10年生存した場合：１×10＝10ＱＡＬＹｓ

軽い障害の状態（効用値＝0.8）で10年生存した場合：0.8×10＝８ＱＡＬＹｓ

すなわち、障害がある状態で生存する場合のＱＡＬＹｓは、完全に健康な場合のＱＡＬＹｓから、障害の程度に応じて割り引いた値となります。

なお余談ですが、世の中には極端なことを言う人たちもいて、高血圧や高コレステロール血症の薬物治療自体に効果がない、などと謳っていることがあります。ネットや週刊誌にそんな無責任なことが書かれていても、真に受けるべきではありません。

高血圧を治療しないで放置すれば、心筋梗塞や脳卒中などの命にかかわる病気で倒れる確率は高くなります。最終的に泣きを見るのは、無責任な言辞を弄した輩たちではなく、それを信じてしまった患者たちです。

医療サービスの費用効果分析

費用効果分析とは、医薬品だけでなくすべての医療サービスについて、効果だけでなく費用も考慮に入れて、費用に見合った効果があるかどうかを検討する分析手法です。

例えば、従来の治療Aと新しい治療Bの費用対効果を比較する場合、AとBの効果E_AとE_Bに加えて、AとBにかかる費用C_AとC_Bも計測します。そして、治療Aから治療Bに切り替えた場合の効果の増分ΔE（$=E_B-E_A$）と費用の増分ΔC（$=C_B-C_A$）を算出します。それらの比（=ΔE／ΔC）を、治療Bの治療Aに対する増分費用効果比（Incremental Costeffectiveness Ratio：ICER）と呼びます。ICERは「アイサー」と読みます。

効果の指標にはQALYを用いることが一般的です。ICERは、効果を1QALY分増加させるために追加的にかかる費用ということができます。

費用対効果に優れているとみなされるＩＣＥＲの一般的な基準は、イギリスでは２－３万ポンド／ＱＡＬＹ、アメリカでは５－10万ドル／ＱＡＬＹ、日本では５００－６００万円／ＱＡＬＹとされています。

実際の費用効果分析の結果を、降圧薬を例として紹介しましょう。

降圧薬には、古くからある利尿剤・カルシウム拮抗薬・β遮断薬・アンジオテンシン変換酵素（ＡＣＥ）阻害薬などの他に、比較的新しい降圧薬としてアンジオテンシンⅡ受容体拮抗薬（ＡＲＢ）が挙げられます。

ＡＲＢは他の降圧薬よりも価格は高くなっています。それに見合った効果があるかどうかについて、他の降圧薬と比較したＡＲＢの費用効果分析を行った国内外の研究結果が蓄積されています。

スウェーデンにおける２００５年の研究では、β遮断薬の１つであるアテノロールに比べ、ＡＲＢの１つであるロサルタンの方が効果の面で優れており、ＩＣＥＲは１ＱＡＬＹ当たり４１８８ユーロ（約50万円）と費用対効果の面でも優れていました[3]。

3 LIFE Study Group. Cost effectiveness of losartan in patients with hypertension and LVH : an economic evaluation for Sweden of the LIFE trial. *J Hypertens.* 2005 ; 23 : 1425-1431.

利尿薬・カルシウム拮抗薬・ARBを比較した日本の研究では、糖尿病を合併していない高血圧患者では、薬の種類により生存年に差はありませんでした。しかし糖尿病を合併している患者では、ARBは比較的効果に優れ、費用対効果も優れていました[4]。「ARB単剤」、「カルシウム拮抗薬単剤」、「ARBとカルシウム拮抗薬の併用」および「無治療」の4つを比較した費用効果分析では、男性・糖尿病非合併の場合、効果は「ARBとカルシウム拮抗薬の併用」が最も優れ、次いで「ARB単剤」、「カルシウム拮抗薬単剤」、「無治療」の順でした。

一方、費用は「無治療」で最も少なく、次いで「カルシウム拮抗薬単剤」、「ARBとカルシウム拮抗薬の併用」、「ARB単剤」の順でした。「無治療」に対する「ARBとカルシウム拮抗薬併用」のICERは20万円／QALYsであり、費用対効果が優れていました。男性・糖尿病合併の場合でも、「ARBとカルシウム拮抗薬の併用」は効果が最も優れ、かつ最も費用対効果に優れていました[5]。

余談ですが、経済学者らが降圧薬に関して書いた論文を紹介しましょう[6]。

全国健康保険協会（協会けんぽ）の診療報酬明細（レセプト）のデータ（2013年4－7月）を用いて、降圧薬の種類別処方割合を調べたところ、ARBの処方割合が8割前後でした。

欧米では、ARBの処方割合は2割程度です。論文では、「欧米ではより安価で有効性や安全性も劣らないカルシウム拮抗薬、利尿薬、ACE阻害薬がまず処方され、ARBは次のステップとされる。これに対して日本では、多くの医療機関が最初からARBを選択している」と論じています。

日本の医師はコストのことを考えずに新薬に手を出したがる、そのために日本の医療費が上昇する、だから日本の医師はけしからん、とでも言いたげですが、はたしてそうでしょうか。ARBが他の降圧薬と比べて効果が変わらず費用は高いという先入観があります。このような議論はバランスを欠いており、ミスリーディングです。

前述した通り、ARBの費用効果分析はすでに複数実施されており、ARBの方が効果の面で優れており、費用対効果も優れていることは既知です。このことは日本高血圧学会の「高血圧診療ガイドライン」にも明記されています。

また、ARBはすでに後発医薬品が発売されており、それらの薬価は他の薬と比べて特段に高いわけではありません（**図表4－1**）。ARBの新薬であるテルミサルタンやアジルサルタンはまだ後発医薬品が出ていないので高額です。

ひょっとすると日本の医師がロサルタンやカンデサルタンの後発医薬品を用いないで、新薬

4　齊藤郁夫、小林慎、猿田享男「本態性高血圧症患者に対する降圧薬治療の薬剤経済分析」『臨床医薬』2003；19：777-788
5　齊藤郁夫、小林慎、猿田享男「医療経済の視点からみた日本の高血圧治療」*Prog Med.* 2009；29：376-385
6　井伊雅子、関本美穂「日本のプライマリ・ケア制度の特徴と問題点」『フィナンシャル・レビュー』平成27年第3号。

図表４-１　降圧薬の先発品と後発品の薬価比較（2017年10月時点）

	一般名	先発医薬品の商品名	先発医薬品の薬価	後発医薬品の価格
ARB	ロサルタン25mg	ニューロタン錠25mg	66.1円	25.7円
	カンデサルタン４mg	ブロプレス錠４mg	65円	16.6円
	テルミサルタン40mg	ミカルディス錠40mg	115円	なし
	アジルサルタン20mg	アジルバ錠20mg	139.8円	なし
ACE阻害薬	エナラプリル５mg	レニベース錠５mg	60.7円	13円
カルシウム拮抗薬	アムロジン錠５mg	アムロジピン錠５mg	47.6円	20円

のＡＲＢばかり選んで使っているのならば、費用面での考慮が足りないと言えるかもしれません。しかし論文にはＡＲＢの内訳は書かれていません。

ＡＲＢは特に糖尿病合併患者では効果の面で優れており、費用も後発品ならば他と比べて特段高いわけではなく、費用対効果の面でも優れています。

費用効果分析の意義

前項で、降圧薬の費用効果分析に関する日本での研究結果を示しました。しかし日本では、まだ多くの医療サービスの費用対効果がきちんと検討されないままです。すでに保険適用を受けている医療サービスでも、実は費用対効果が不明なものが少なくありません。

費用効果分析の目的は、国の経済の規模に応じた医療サービスの提供体制を検討することです。必ずしもコストカットを意味するものではありません。

高額であるにもかかわらず、それに見合う効果がない医療サービスの提供はなるべく控えるべきです。同じ費用を別の医療サービスに投入したほうが、国民全体の健康や満足度のアップにつながります。

高度経済成長期、医療サービスの提供は量的にどんどん拡大されていきました。経済成長に合わせて医療サービス提供体制も大きくなっていきました。これ自体は自然な流れです。

しかし日本の経済は低成長期に移り、その後長い間経済不況に見舞われました。かつてのように医療サービスの提供を量的に拡大していけば、いずれその財政は破綻します。

医療の質を維持しつつ医療財政の破綻を防ぐためには、費用に見合う質の高いサービスは推奨し、費用に見合う効果が得られないサービスは段階的に減らしていくべきです。

3 日本ローカルの医薬品

効果がなくても薬は売れる!?

前項で、「費用に見合う質の高いサービスは推奨し、費用に見合う効果が得られないサービスは段階的に減らしていくべき」と書きました。

この議論は、対象となる医療サービスに多少とも効果が認められる場合の話です。全く効果がない医療サービスには当てはまりません。効果がない医療サービスは1円たりとも払う価値はありません。

１９９０年代、日本でのみ承認された「脳循環代謝改善薬」という種類の薬がありました。各社の商品名はアバン、カラン、セレポート、ホパテ、エレン。「高齢者の脳機能を改善させる」との謳い文句で売りまくられ、総売り上げは1兆円を超えたそうです。しかし、これらの薬の効果には発売当初から医師たちの間で疑問の声が上がっていました。

医薬品として売り出すには、厚生労働省の承認を得る必要があります。一度承認を受けた医薬品が再評価の対象となることは珍しいのですが、ないわけではありません。「脳循環代謝改善薬」は、再評価を受ける羽目に陥ってしまいました。その理由は、売れすぎたためです。これまた珍しいことに、当時の大蔵省（現財務省）が目を付け、当時の厚生省（現厚生労働省）に再評価を要請したのです。異例のことですが、当時の厚生省が大蔵省の外圧に抗せるはずもなく、渋々と再評価を決定しました。

再評価は、初回の評価よりも厳しく行われます。再評価の結果は、悲惨なことに「効果なし」との判断でした。結局、厚生労働省はこの薬の承認を取り消しました。

その後、当然にこの薬は発売中止となったわけですが、それらの手続きは粛々と行われていきました。メディアにさほど大きく取り上げられることもなく、「脳代謝改善薬」はひっそりと医薬品市場から消えてなくなりました。

メディアが食いつかなかったのは、事件性がなかったためです。最近世の中を騒がせた「ディオバン事件」と違って、誰かがデータを改竄したとか、捏造したとか、そういう刑事事件につながるような要素はありませんでした。

この薬は「効果がなくても薬は売れる」ことを証明した代表例と言えます。

日本ローカルの医薬品を再評価せよ

実のところ、日本の製薬会社が作った日本でしか売られていない薬はたくさんあります。それらの中には効果の高い薬もありますが、効果があるかどうか疑わしい薬も少なくありません。しかしいずれも細々としか売れていなくて、「脳循環代謝改善薬」ほどは儲かっていません。そのせいかどうか不明ですが、再評価を求められることはありませんし、承認を取り消されることもありません。

再評価自体に多額の費用がかかり、それを負担するのはその薬を製造した製薬会社です。厚生労働省も、おいそれと製薬会社に再評価を命令できるものでもありません。

しかし、現代の医療の潮流は「科学的根拠に基づく医療（evidence based medicine：EBM）」です。厳密な手法を用いて、今ある薬剤の効果を再評価すれば、かつての「脳循環代謝改善薬」と同じく、化けの皮がはがれて「効果なし」と評価される薬は続々現れるに違いありません。

例えば、脳梗塞の治療薬として日本で販売されているアルガトロバンやオザグレルは、欧米では使用されていません。筆者らが行った最近の研究でも、これらの薬剤の脳梗塞に対する効果は実証されませんでした[7]。

厚生労働省は、国民医療費の約20％を占める薬剤費を削減するために、2年に1度の薬価改定ですべての薬の価格を一律に値下げすることを繰り返しています。そのやり方は確かに薬剤費を抑える効果があるものの、効く薬にも効かない薬にも罰を与えていることになります。

本来、効く薬には高値を付け、あまり効かない薬は安値をつけ、全く効かない薬には値を付けないのが筋です。今後の医療のあるべき方向性として、市販後の薬剤であってもその効果を再評価し、効果のない薬剤は公的保険の適用対象外にすべきです。

欧米の製薬企業は次々に合併を繰り返し、巨大企業化しています。その目的は規模の経済性（スケールメリット）を活かした研究開発部門の強化です。

巨大製薬企業はその資金力を活かし、ＥＢＭの考え方に沿って新薬の国際共同臨床試験を行っています。

良い結果が出れば一流の医学論文誌に掲載され、全世界の医師の知るところとなります。その後、その薬は世界市場を席巻するブロックバスターとなります。

ブロックバスターとは、従来と異なる新規の薬効を持ち、他の薬を圧倒するシェアを獲得する医薬品です。

日本の製薬企業は、この世界的な潮流に遅れがちです。その原因の1つが、日本でしか売れないローカル医薬品が公的医療保険制度によって守り続けられていることです。

7　Wada T, Yasunaga H, et al. Outcomes of argatroban treatment in patients with atherothrombotic stroke : an observational nationwide study in Japan. *Stroke* 2016 ; 47 (2) : 471-476.
Wada T, Yasunaga H, et al. Ozagrel for patients with noncardioembolic ischemic stroke : a propensity-score-matched analysis. *Journal of Stroke and Cerebrovascular Diseases* 2016 ; 25 (12) : 2828-2837.

救急車は有料にするべきか

1 救急車要請の実態

救急車は公共財？

経済学では、財・サービスを公共財と私的財に区別します。公共財とは、非競合性および非排他性を備える財です。非競合性とは、複数の消費者が同時に消費でき、ある消費者が消費しても他の消費者の消費量が減少することがない、という性質です。非排他性とは、その財を消費するすべての人から対価をとることができないという性質です。

つまり公共財とは、不特定多数の人々が同時に不自由なく利用できる財を指します。私的財は、公共財でないすべての財です。公共財は市場を介して供給することはできず、主に政府が税金を使って供給します。私的財は市場を介して民間の企業などが提供できます。

たとえば、国防・警察・消防は公共財です。上野公園は公共財、上野動物園は私的財といえます。上野公園は入場無料で、多数の入り口から自由に出入りできます。上野公園の桜を誰かが観賞しても桜が減るわけではなく、他の誰かが観賞できなくなるわけでもありません。同様に、上野動物園のパンダを誰かが観賞しても、パンダが減るわけではありません。しかし上野動物園は周囲を塀で囲っており、特定のゲートで入場料を徴収しています。

一般道は公共財ですが、有料道路は私的財です。警察は公共財ですが、ホームセキュリティーは私的財です。

教育はどうでしょうか？ 義務教育は公共財のようにも思われますが、公立中学だけでなく私立中学もあります。大学は国公立でも授業料を徴収しています。つまり教育は私的財です。

教育は「価値財」である、という考え方もあります。価値財とは、消費することによって社会全体が便益を受ける財です。

教育は私的財なので、市場を介して民間で供給することも可能です。しかし、政府が社会的に重要であるとみなして公的に提供します。私立学校にも補助金を交付して、提供するサービスの質向上を促します。

医療はどうでしょうか？ 医療の経済学的な位置づけは国によって異なります。

例えばイギリスでは、医療は国営のNational Health Service（ＮＨＳ）が提供しており、医療従事者の多くは公務員と同等です。財源は税金で、患者の自己負担はごくわずかです。こういう国は、医療を公共財と位置づけていると言えるでしょう。

アメリカでは、高齢者と低所得者に対しては公的医療保険が用意されていますが、それ以外の人たちは民間保険を購入するか無保険です。公的病院もありますが、医療サービスの多くは民間が供給しています。医療費は非常に高額です。お金がないと医療は受けられません。つまりアメリカでは、医療は私的財に位置づけられています。

日本は、イギリスとアメリカの中間と言ってもいいでしょう。公的医療保険による国民皆保険ですが、保険料だけでは国民医療費の全額は賄えないので、巨額の税金も投入されています。自己負担割合も現役世代は３割と決して低くありません。公的病院もありますが民間病院が主体です。どちらかと言えば、公共財よりは私的財に近い位置づけです。

さて、本題に入りましょう。

救急車は公共財でしょうか？　それとも私的財でしょうか？

救急車は非競合性を有しているでしょうか？　すなわち、救急車は複数の利用者が同時に利用でき、ある者が利用しても他の者の利用を妨げることはないでしょうか？

救急車は非排他性を有しているでしょうか？　すなわち、その財を消費するすべての人から対価をとることができないのでしょうか？

図表5-1　救急出場件数及び現場到着時間の推移

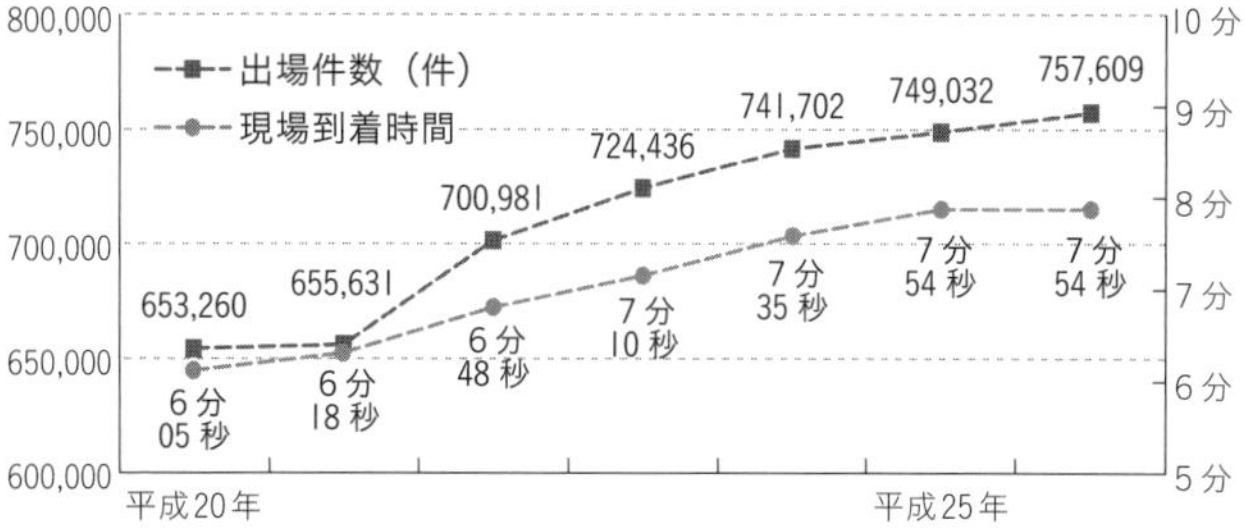

増大する救急車需要

日本全国で救急車の出場件数が増加しているそうです。

東京消防庁の報道発表資料[1]によると、救急出場件数は過去最多を毎年更新しています（**図表5－1**）。それに伴い、救急車の現場到着時間（119にコールがあってから救急隊が現場に到着する時間）も延長しています。

平成20年は6分5秒だったのが、平成26年には7分54秒と、2分近く延長しています。救急車の到着時間が遅れることは、ときに人命にかかわります。特に心肺停止の患者は一刻を争います。

増大する救急車需要の中身を見てみましょう。搬送された患者を軽症と重症に区分すると、**図表5－2**のようになります。

ここで軽症とは、入院の必要がないケースを指します。軽症者数はほぼ横ばいであり、重症者数が増えている分、全体の搬送人員が増え

1　http://www.tfd.metro.tokyo.jp/hp-kouhouka/pdf/290112.pdf

図表5-2　搬送人員・軽症者数・軽症割合の推移

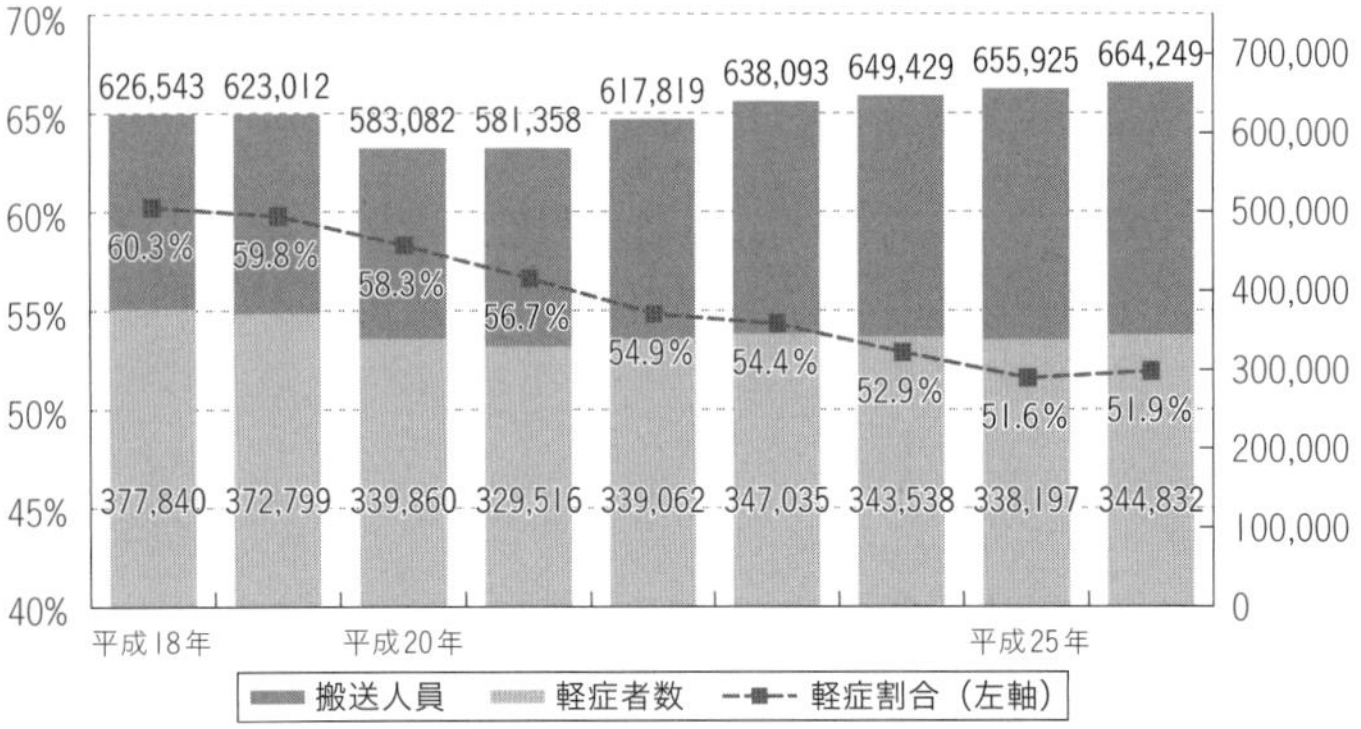

（出典）東京消防庁　報道発表資料

ています。そのため軽症者の割合は相対的に年々低下しています。しかしその割合は依然として5割を超えています。

重症者が増えているのはおそらく、高齢化により、入院を要する病気をもつ高齢者が増えているせいでしょう。これはある程度致し方ないことです。むしろ問題は、軽症者の搬送が減っていないことです。

119番トンデモ通報の実態

東京消防庁のホームページに、「これは本当にあった救急車の要請内容です!」と題する、ある意味で衝撃的な、とんでもない１１９番通報の実態が記されています。[2]「モラルハザード」とはまさにこのことではないでしょうか。以下、ノーカットで引用します。

事例1　24歳の女性　歩けるが、どこの病院に行ったら良いかわからないので救急車を要請した。

事例2　68歳の女性　本日病院に入院する予定が入っているが、自分で行くとタクシー代がかかるので救急車を要請した。

事例3　8歳の男の子　子供が友達と遊んでいて転び、ひざをすりむいた。救急車で病院に行けば優先的に診てもらえると思い、母親が救急車を要請した。

事例4　72歳の女性　眠れなくて、誰かに話を聞いてほしくて救急車を要請した。

事例5　48歳の男性　料理中に包丁で小指を切った。傷口の血はすでに止まっていたが、整形外科の専門の医師がいる病院に連れて行ってほしい。

東京消防庁がここまで赤裸々に実態を明らかにするのも、ずいぶん思い切った試みです。よほど見るに見かねてのことなのでしょう。私見ですが、これらのような事例は、搬送拒否していただいていいのではないでしょうか？

救急車をタクシー代わりに使うなど、もってのほかです。東京消防庁は、「救急車の適正利用にご協力を！」と呼びかけています[3]。

2　http://www.tfd.metro.tokyo.jp/lfe/kyuu-adv/tksei02.html
3　http://www.tfd.metro.tokyo.jp/lfe/kyuu-adv/tksei01.html

緊急性がなければ、東京民間救急コールセンターに問い合わせることも可能です。東京消防庁が認定した民間救急車やサポートCａｂ（救命講習を修了している運転手が乗務するタクシー）を案内してくれるそうです。

もちろん、救急車をタクシー代わりに使う不埒な輩はごく一部でしょう。軽症のケースの多くは、通報者が軽症・重症や緊急性の判断をできず、あわてて119番に通報し、結果的に軽症だった、というものでしょう。救急車を呼ぼうかどうか迷ったときは、119番ではなく、東京消防庁救急相談センター（短縮番号＃7119）にコールすればよいでしょう。

救急搬送にはどれくらいのコストがかかるか？

救急搬送には、救急隊員の人件費、救急車の導入費や維持費、救急処置器具や医薬品などの消耗品費、燃料費など様々なコストがかかります。

救急車出動1件当たりどれくらいのコストがかかるか、具体的な数値は公開されていませんが、少なく見積もっても1件2〜3万円、あるいはもっとかかるでしょう。

ちなみにニューヨークやパリでは、救急車搬送は有料であり、その料金はおよそ2〜3万円です。ニューヨークの場合、電話番号911をコールすると、市の救急搬送の担当部門が受けて、病院や民間業者などに救急車の出動を要請します。

民間業者であっても、救急車は一定の基準を満たしており、乗車する救急隊員は有資格者です（日本の救急隊員が公務員であるのとは異なります）。

救急搬送料金は民間医療保険から支払われることもあります。しかし保険会社が審査し、緊急性がないなどの理由で支払拒否をすることもあります。無保険の場合は当然、全額自己負担です。

参考までに、東京民間救急サービスの料金[4]を見てみましょう。寝台車タイプの場合の運賃は、距離または時間によって異なります。7.5㎞まで（または0.5時間まで）ならば３７００円、15㎞まで（または1時間まで）ならば６８００円だそうです。搬送中に介助が必要な場合は、東京消防庁の患者等搬送乗務員講習を受けた乗務員が2名同乗します。ケアチャージ（介助料）が最初の1時間までは３０００円かかるので、あわせて９８００円になります。

救急車を有料にすべきか？

さて、最初の質問に戻りましょう。救急車は公共財でしょうか？　私的財でしょうか？

現状、日本では公共財的な扱いです。公共サービスとして無料で提供されています。提供し

4　http://minkyu.ceremore.jp/charge.html

ている機関は消防庁という国の機関、サービス提供主体は公務員である救急隊員です。

しかし、救急車が公共財であるという考え方に対しては異論もあります。救急車を純粋公共財とみなすならば、救急車は複数の利用者が同時に利用でき、ある者が利用しても他の者の利用を妨げることがないようにしなければなりません。

利用者が増加しているならば、それに対応できるように救急車も救急隊員も増やさなければなりません。非排他性を有している、すなわち利用者から対価をとることはできません。

フリーライダー（ただ乗りする人）がいても、そのコストはすべて税金で賄う必要があります。

救急車を有料にするといっても、そう簡単にはいきません。いろいろな論点を整理する必要があります。まず、救急車を私的財の扱いにするならば、必ずしも公的機関のみが提供しなければならない理由はなくなり、民間が参入してもよくなります。救急隊員が公務員である必要もありません。

そうなってくると、公的サービスと同等の質を民間が提供できるかどうかが問題となります。民間であっても、サービス提供者が有資格者であることは必須でしょう。救急車の装備も一定の基準を満たさなくてはなりません。公共財としての性質は維持する、すなわち、あくまでサービス提供は公的機関のみとし、利用者には受益者負担の原則にしたがい、公共料金として利用料を払ってもらうという考えもあります。

その場合、具体的な金額の設定が悩ましい問題です。救急車をタクシー代わりに使う不埒な輩を排除することが目的ならば、少なくともタクシー料金よりも高い金額を設定しなければなりません。安易に低い料金を設定できません。

例えば、仮に1000円という低料金を設定してしまうと、逆にタクシーを利用せず救急車を利用する者が激増するでしょう。定期的な外来通院に救急車を利用する人たちも出かねません。「お金を払っているのだから何が悪い」とばかりに、不適切利用を正当化させることになってしまいます。

日本の救急サービス料金に関する興味深い研究があります。約2000名を対象に、救急車サービスに料金を課すという仮想的なシナリオの下で支払意思額を問う、仮想市場法という手法を用いた研究です[5]。

この研究では、救急車出動1件に対する一般人の平均的な支払意思額は2万円でした。また、重症例のシナリオでは価格非弾力的、軽症例のシナリオでは価格弾力的でした。すなわち、重症の場合は救急車の料金が高くなっても利用したいと考える人が多いのに対し、軽症の場合は救急車の料金が高いと利用したくないと考える人が多いという結果になりました。

---

5 Ohshige K, et al. A contingent valuation study of the appropriate user price for ambulance service. *Acad Emerg Med* 2005 ; 12 : 932-940.

支払意思額が2万円というのは妥当な印象です。ニューヨークやパリでの料金2～3万円と比較して、物価の違いを考慮しても、それほど見当違いとも言えません。

とはいえ、2万円という金額は、低所得者にとっては手痛い出費でしょう。有料にすることによって、真に救急車搬送が必要な緊急性のあるケースであるにもかかわらず、119番通報をしなくなる低所得者が出てくるかもしれません。そうなるとむしろ国民の健康を害する事態になります。低所得者に対してはこの金額を減免する仕組みが必要になるでしょう。

入院にならない軽症例のみに料金を徴収し、入院に至った重症例には徴収しなければよい、という意見もあるかもしれません。しかしそれはナンセンスです。

前述したように、軽症なのか重症なのか、入院が必要か不必要か、通報者が的確に判断できるわけがありません。その判断の正確性を通報者の責任に帰するのは酷です。

また、入院すれば料金を徴収されないならば、救急医療の現場で、入院する必要がないのに入院を懇願する患者がきっと増えるでしょう。懇願に負けて、必要のない入院をさせてしまう医師も現れるでしょう。つまり、無駄な医療の提供を助長します。

重症例に対しても料金を課すのは不当、という意見があるかもしれません。そんなことはありません。重症患者は、入院後に高額な治療費がかかります。2万円どころでは済まないでしょう。救急車の料金だけ無料にする積極的な意義はありません。

救急車の料金を課すとして、誰がその料金を徴収するのでしょうか？　救急隊員でしょうか？　そんなわけにはいかないでしょう。料金は病院が徴収すべきです。

個人的な意見ですが、救急車には軽症・重症にかかわらず2万円程度の料金を課し、病院が医療保険外で徴収すべきです。軽症・重症にかかわらず、低所得者には手続きを踏めば2万円の全部または一部が還付される仕組みを用意すべきです。

救急隊員の仕事の対価が病院の収入になるのはおかしいので、病院が徴収した料金は消防庁にまとめて返還するようにすればいいでしょう。

2　休日や夜間に救急外来にかかると……

ある病院の診療風景

M氏は月曜日から時々頭痛がする。水曜の午前、都内にある大病院の外来にかかった。その日は1日、頭痛だけでなく、ため息が絶えなかった。

まだ診療時間前なのに、外来の待合室には黒山の人だかり。昨日電話で受診予約したにもかかわらず、予約時間を過ぎても呼ばれず、イライラ。

ようやく診察室に入ったが、診察時間は約3分。採血とCTの伝票を渡され、病院内をぐるぐる巡るはめに。採血室も長蛇の列、ＣＴ室の待ち時間も長い。検査結果が出るまで、待合室で待ち続ける手持ち無沙汰。スマホのゲームをやりながら時間をつぶしていたが、電池が切れてしまうという憂き目にあう。

ようやく再び医師の診察室へ。「たいしたことはない」という説明の後、退室を命じられる。お会計の窓口の前でもひとしきり待った後、病院の外に立ち並ぶ薬局の１つに向かう。

幸い、猫の額ほどの狭い院外薬局の待合室には、３人しか待っている人がいなかった。半日がかりでようやく勝ち取った薬の袋の中に入っていたのは、ロキソニン５錠だった。


Ｎ氏は金曜日から時々頭痛がする。飲食店を営む彼は、金・土・日は仕事が忙しく、都内にある大病院の救急外来にかかったのは日曜の深夜だった。

救急外来の待合室には何人か先客がいる。

ひとしきり待った後、診察室に入った。医師の態度が異様に冷たい。

「金曜日から痛いのに、なぜ今頃来たのですか？　ここはコンビニじゃないですよ」

Ｎ氏は、「コンビニじゃなかったら、なんで夜中に店を開けてるんだ？」と言い返しそうになる気持ちをぐっと抑えて、「仕事が忙しかったので」と答える。

医師はさらに冷たく言い放つ。

「仕事と健康と、どっちが大事なんですか？」

N氏は、「そんな禅問答に何の意味がある？」と言い返しそうになる気持ちをぐっと抑えて、「すみませんでした」ととりあえず謝る。

診察時間は約3分。採血も検査もなかった。

会計窓口も院外薬局も閉まっている。受付の事務職員に手付金5千円を支払い、薬の袋をもらい、「明日の朝、また来てください」という冷たい言葉を浴びせられ、すごすご退散。

約1時間かけて勝ち取った薬の袋の中に入っていたのは、ロキソニン1錠だった。

夜の病院にはかかるべからず

激しい症状を呈する急病や軽くないケガの場合、休日や夜間でもなるべく早く病院にかかるべきです。しかし、数日前から症状が続くのに、平日日中は仕事で忙しいので休日夜間に病院の救急外来にかかるのは、いろんな意味でやめておいた方がよいでしょう。

仕事が続けられるほどの症状なのだから、耐え難い症状でもないでしょうし、緊急性もないということでしょう。具合が悪ければ、腹をくって仕事を休むべきです。そして平日の日中に、病院の外来でなく、クリニックにかかるべきでしょう。

病院の外来にかかるデメリットは待ち時間が長いこと。来院者が多すぎるのです。人気ラーメン店の一杯のラーメンにありつくために長い時間待つことは耐えられても、医者に会うために長い時間待つことは、多くの人にとって耐えられません。

病院の外来の待ち時間の長さは、以前に比べれば多少改善はされてはいます。完全予約診療制を徹底する病院も増えていますし、予約に別料金を徴収する病院もありますが、待ち時間の解消というには程遠いでしょう。

しかし、待ち時間が比較的短い可能性があるからといって、緊急性もないのに休日夜間の救急外来に行くことは、デメリットが多いといえます。

よく考えてほしいのです。夜中の病院は医師も看護師もかなり人手が手薄です。中規模クラスの病院だと、医師が1名で当直勤務していることもあります。しかも、夜中に働いている医師は、経験の浅い若手の医師の方が多いのです。

緊急性がないのに休日夜間に救急外来に行くと、しばしば医師も看護師も態度が冷ややかです。優しく接してくれる、できた医師に巡り合うチャンスはめったにありません。

軽症患者が受診した時間帯にたまたま救急車で重症患者が搬送されれば、軽症患者は間違いなく待ちぼうけを食うことになるでしょう。それに怒って帰ってしまう軽症患者もいます。帰ってしまうということは、十分に元気で、そもそも来る必要がなかったということ。

医師も看護師も、その患者が十分に元気であることを確認できて、ほっとしているかもしれません。

病院といえども、夜中に検査はあまり実施できません。緊急の血液検査やレントゲン撮影ぐらいはできる病院も少なくありません。日本はCT大国なので、夜中にCTを撮れる病院もあります。しかし、その程度の検査でわかることはたかが知れています。

診断も、それに基づく治療も、夜中のほうがその質は格段に劣ります。薬が処方されたとしてもせいぜい1日分です。そしてほとんどの場合、翌朝（あるいは週明け月曜の朝）、通常の外来に再診するように宣告されてしまいます。

病院の休日夜間料金

意外と知られていないのですが、病院の救急外来に休日や時間外・深夜にかかると、平日日中にかかる基本料金に上乗せした加算金がかかります。軽症・重症にかかわらず一律にかかるので、知っておいたほうがよいでしょう。

実際には、患者の自己負担額は1～3割です。初診料の深夜加算が4800円といっても、3割負担ならば、患者のフトコロから支払う追加料金の実額は4800×0.3＝1440円です。これだけなら大したことはないと言えばないでしょう。

しかし、大病院の場合、この金額とは別の料金体系で、もっと高額の追加料金を自費で支払わなければならないことがあります。

休日・夜間診療が、いわゆる「選定療養」の1つという扱いになることがあります。「選定

図表5-3　病院の休日夜間料金

●初診料

	基本料金	加算額	計
時間内	2,820円	0円	2,820円
時間外		850円	3,670円
休　日		2,500円	5,320円
深　夜		4,800円	7,620円

●再診料

	基本料金	加算額	計
時間内	720円	0円	720円
時間外		650円	1,370円
休　日		1,900円	2,620円
深　夜		4,200円	4,920円

療養」とは、患者の選好に基づき特別料金により行われる追加的な医療サービスのことです。特別料金の部分については患者の全額自己負担となります（通常の診療分は保険適用です）。

「選定療養」の代表的な例が、いわゆる「差額ベッド」です。ホテル並みの差額ベッド代を支払えば、個室に入院できます。予約診療制をとっている病院では、予約診療を「選定療養」として別料金で徴収していることもあります。

時間外診療も「選定療養」として料金を保険外で徴収できます。平成18年に厚生労働省保険局医療課長が、「保険医療機関が表示する診療時間以外の時間における診察に関する事項」という通知を発しています。

この通知では、特別料金を保険外で徴収できるのは「緊急の受診の必要性はないが患者が自己の都合により時間外診療を希望した場合に限られ、緊急やむを得ない事情による時間外の受診については従前通り診療報酬点数表上の時間外加算の対象となり、患者からの費用徴収は認められない」とされています。ここでいう「緊急やむを得ない事情」とは、

①入院を必要とする場合

②当日時間内に受診したが症状が悪化し時間外に再受診した場合

③他の病院からの紹介状を持参している場合

④交通事故や労災などの場合

⑤医師より注射・処置などのため救急外来を受診するよう指示されている場合

などです。

時間外追加料金は病院の儲けにならない

誤解のないように言っておきますが、時間外診療に対する選定療養による追加料金の徴収は、病院の儲けにはつながりません。つまり、病院は金儲けのためにこの選定療養を選択しているわけではありません。病院が時間外診療に対する追加料金を選定療養として徴収すると、保険診療上の基本料金（初診料2820円、再診料720円）は算定できますが、加算額（初診料最大4800円、再診料最大4200円）や、検体検査実施料（2000円）、画像診断料（1100円）などは算定できなくなります。

つまり、病院にとっては、保険診療で代金を請求しても、選定療養として患者の全額自己負担で請求しても、収入額はあまり変わりません。

患者にとっては、3割負担がほぼ10割負担になるため、大きな出費になります。病院がこの選定療養を選択する目的は、収入増ではなく軽症患者の受診を抑制することです。軽症患者で救急外来が混雑することを避け、医療従事者が重症患者の治療に専念できるようにすることが狙いです。しかし、実際のところ、この選定療養費を導入している病院はそれほど多くありません。少し古いですが「平成24年度診療報酬改定結果検証に係る特別調査」によると、軽症患者等を対象とした時間外選定療養費を導入している病院は、二次救急施設が6.2％、三次救急施設でも13・6％でした。

病院の受付窓口で高額の料金の説明をすると患者とトラブルになる可能性があることを、病院が危惧しているせいかもしれません。

追加料金による受診抑制効果

選定療養により患者に全額自己負担させることで、軽症患者の受診を抑制し、救急外来の混雑を緩和し、重症患者の治療に専念できる環境を整えることは、実際に可能なのでしょうか？

これについて、選定療養による追加料金の徴収によって軽症患者の時間外受診が減少した、いくつかの実例がこれまでに報告されています。

和歌山県にある病院では、２０１５年4月から、選定療養による時間外診療の特別料金部分５４００円を全額自己負担とする制度を導入しました。導入前後の２０１４年４－９月と２０１５年４－９月の患者数を比較すると、全救急患者数は1万５９３２人から1万２１９１人に減少しました。その内訳をみると、時間外の救急患者数は1万２３５０人から９０５９人と、実に27％減少しました。一方で、時間内に訪れた救急患者数も３５８２人から３１３２人に約13％減少しました。

患者の緊急度を「蘇生レベル」「緊急」「低緊急」「非緊急」に分けると、「蘇生レベル」「緊急」の患者は３１６３人から３０４４人に４％減少、「低緊急」「非緊急」の患者は７０７９人から４６４１人に34％減少しました。

「蘇生レベル」「緊急」の患者が減少しているようにみえますが、この程度は誤差の範囲内です。注目すべきは「低緊急」「非緊急」の患者数の劇的な減少です。軽症の救急外来受診の価格弾力性の高さを示唆しています。

つまり料金を上げると、緊急性の低い患者の受診はかなり抑制できるようです[6]。

6　浜崎　俊明、他「地方都市の高度救命救急センターにおける時間外選定療養費徴収による救急患者数の変動について」『日本救急医学会雑誌』2015；26（8）454

同様の報告は他にもいくつかあります。宮城県のある民間病院では、2015年に時間外選定療養費2700円の徴収を開始したところ、導入前後で救急外来患者は5626名から4687名と約17％減少しました。[7]

東京のある私立大学病院では、時間外選定療養費8640円徴収開始前後の2013年4～5月、2014年4～5月のそれぞれ2か月間で、独歩で来院した患者数は3909名から3344名へ減少、救急車搬送台数は1196台から1241台へ増加、救急車お断り台数は278台から228台へ減少、救急ストップ時間は307時間17分から165時間2分に減少したといいます。[8]

東京の別のある私立大学病院では、時間外選定療養費8400円徴収開始前後において、1か月の平均救急外来受診患者が2005人から1785人と減少し、1か月の平均緊急入院患者数は220人から244人へと増加しました。

時間外選定療養費の説明を聞いて受診を拒否した患者で患者番号を把握できた850人のうち、125人は翌日に平日外来を受診し、7人（0.8％）が入院したといいます。[9]

時間外診療の選定療養は、全国の救急病院に推奨されるべきです。軽症患者の夜間の「コンビニ受診」はその患者のためにもなりません。自己都合で夜間に来る患者の代金を、公的医療保険で負担する合理性もありません。軽症患者の診察に時間を取られて、重症患者の診療に支障をきたすようでは、重症患者にとっても不幸です。

この制度の推進によって、休日夜間受診を平日受診にシフトさせられれば、医療従事者の配置も夜勤から日勤に一部シフトできます。病院にとっても医療従事者にとってもよいことです。
唯一の問題は、この制度が病院にとって経営的なメリットがなく、むしろ短期的には患者数減少による収入減も考えられるため、病院側に積極的に導入するインセンティブがあまり働いていないことです。

---

7 石橋 悟「時間外選定療養費導入後の患者の変化」『日本医療マネジメント学会雑誌』2026；17 Suppl.：289
8 光永 敏哉、他「ERにおける時間外選定療養費導入による Walk in 患者に対する受診抑制効果の検討」『東京慈恵会医科大学雑誌』2014；129（6）：224-225
9 上條 由美、他「時間外選定療養費制度導入の影響」『日本医療マネジメント学会雑誌』2015；16（1）：53-57

第6章

自由に病院が選べるのは良いことか

1 入院するといくらお金がかかる?――保険の基礎知識

保険とは

保険を「1人の災難を大勢が分かち、わずかの金を捨てて大難を逃れる制度」と定義したのは、一万円札の肖像画にもなっている、かの福沢諭吉です。

アメリカの医療経済学のテキストには「消費者は不確実性とリスクから自分の身を守るため

に保険を購入する」と記されています[1]。

保険とは、将来に発生しうる事故に対し、一定の保険料を加入者（=被保険者）が分担し、事故に伴う突然の経済的負担に備える相互扶助のシステムです。一般に保険は、多数の被保険者のリスクをプールすることにより、そのリスクの不確実性を減少させます。

これをリスク分散といいます。保険は、長期的に見て個人の所得変動のリスクを回避します。

保険には医療保険、自動車保険、生命保険、火災保険、地震保険など様々な種類があります。保険の運営者のタイプによって、公的な強制保険と民間の任意保険に区分されます。

日本では、医療はほとんどが公的保険の対象です。公的保険の一部自己負担分や、公的保険でカバーされない一部のサービスに対する保険は、民間保険会社が保険商品として販売しています。

これに対してアメリカの医療保険は、低所得者と65歳以上の高齢者に対してのみ公的保険となっています。一般の65歳未満の国民に対する公的医療保険は存在せず、人々は民間保険会社から医療保険商品を購入します。

低所得者層には入らないものの、医療保険を購入する財力のない無保険者が、国民の1割以上存在します。

---

1 Folland S et al. *The Economics of Health and Health Care*. Routledge ; 7 edition. February 29, 2012.

人々はなぜ保険を購入するのか?

仮に、10人の人がいて、みな貯金が１００万円とします。

保険の対象となる事故に遭遇する確率が10%、事故による損失が90万円とします。

保険会社が10人からそれぞれ10万円の保険料を徴収し、集めた１００万円から10万円を事務コストとして差し引いて、事故にあった１人に90万円を保険給付します。この場合、将来の貯金の期待値はいくらでしょうか?

事故にあわなかった９人の貯金額は１００－10＝90万円に減り、事故にあった１人の貯金額は１００－10－90＋90＝90万円に減ります。

10人中９人は10万円を掛け捨て。病気になった１人は、無保険の場合に所得が10万円に減少するところ、保険があるせいで90万円に所得が回復します。つまり、保険に入っておけば、事故にあっても合わなくても貯金は90万円になります。

仮に保険がない場合、将来の貯金の期待値はいくらでしょうか?　貯金は90%の確率で１００万円のまま、10%の確率で10万円になります。期待値は0.9×１００＋0.1×10＝91万円と計算できます。

保険がある場合の期待値（90万円）と比べて、保険がない場合の期待値（91万円）の方が高いです。つまり、期待値で考えれば、保険に入れば損することになります。いったい、損した分の1万円（90万円と91万円の差額）はどこに行ってしまったのでしょうか？

それは保険会社のフトコロの中です。一般に保険会社は、被保険者が支払った保険料の一部を、人件費やテレビCMなどの販売促進費等に使用します。

期待値で考えれば、保険商品の購入は損です。にもかかわらず、なぜ人々は保険に入るのでしょうか？

民間保険を購入する人々は、「リスク回避型」の行動様式を持っていると言えます。事故にあえば貯金が90万円減って10万円になることは、ゆゆしいことと考えます。事故にあう確率は低く、ほとんどの場合に支払った保険料10万円は返ってきません。しかし、いざというときの備えとして、その額に見合う「安心」を買っているのです。

保険が成立する条件

保険金の支払いは、集めた保険料ですべて賄わなければなりません。つまり保険会社の収入と支出は一致しなければなりません。これを保険の「収支相等の原則」といいます。

前項の例では、保険加入者10人のうち1人にしか保険金を支払うことができません。保険は多数に発生しうる事故に対しては設定できません。

保険会社が各被保険者に均一な保険料を設定した場合、リスクの低い者にとっては保険料が相対的に割高、リスクの高い者にとっては保険料は相対的に割安となります。保険の加入が任意の場合、低リスク者は保険購入を見送り、高リスク者のみが保険を購入してしまうことがあります。

これを保険の「逆選択」といいます。

もし逆選択が起こると、高リスク者から保険金支払いが多発し、保険会社にとっては保険料収入を超える保険金支払いが発生するため、保険そのものが破綻してしまいます。

一般に、民間保険会社は逆選択を防止するための対抗策を講じます。医療保険の場合、健康診断の受診を義務付けその情報を提供させる、既往症の告知義務を負わせる、などの対策があります。

保険会社は、得られた情報から顧客層をセグメント化（分割）し、リスクが低く利益率が高い層に積極的に保険を販売することがあります。高リスク者には割高の保険料を設定します。これを「リスク細分型保険」といいます。

場合によっては、保険会社は高リスク者に対して保険の販売を拒否します。これを保険会社の「リスク選択」といいます。

リスク選択が極端な場合、保険金を支払う可能性がない超低リスク者にのみに保険を販売します。

これを「クリーム・スキミング」（おいしいところだけをすくい取る「いいとこ取り」と

いった意味合い）といいます。

公的医療保険の財源

医療保険のすべてを民間に委ねた場合、高リスク者は高額の保険料の支払いを余儀なくされたり、保険に加入できなくなる可能性があります。あるいは、受給できる医療サービスに制限を受けたりします。

現にアメリカの民間医療保険ではそうなっています。

こうした保険者によるリスク選択を完全に排除するには、民間による任意保険の供給ではなく、強制加入の公的保険を導入するか、税金を投入するかのいずれかです。ドイツやフランスは前者（公的医療保険主体）、イギリスは後者（税金主体）、日本は両方（公的医療保険と税）です。

保険は本来、相互扶助の精神に基づき有志が集まって構成されるものです。保険料を多く支払ったものほど多くの保険金を受け取れる「応益負担」が原則です。

これに対して税は、国家が強制的に徴収するものであり、より多くの富を持つ者から多くの税を徴収する「応能負担」が原則です。そのため税金（特に所得税）には所得再配分機能があります。

ところが日本の公的医療保険では、保険料は応益負担ではなく応能負担になっています。低所得者の保険料は軽減されており、税金のような所得再配分機能を持っています。保険料の徴収において、リスクの高低は全く考慮されていません。

つまり、本来的な意味での保険の原理は崩れています。しかも保険料収入では保険金給付が追い付かないので、さらに税を投入しています。つまり収支相等の原則も崩れています。

保険料収入も税収も伸び悩む中、公的医療保険は今、その持続可能性が問題となっています。

公的医療保険のしくみ

▼医療費の自己負担

日本の公的医療保険は国民皆保険制度がベースになっており、ほぼすべての国民は公的医療保険に加入しています。

公的医療保険には、自営業者が主体の「国民健康保険」、サラリーマンが主体の「健康保険」などがあります。

保険には必ず胴元（保険者）がいます。国民健康保険の胴元は市町村です。健康保険は、中小企業の場合は全国健康保険協会（「協会けんぽ」）、大企業の場合は各企業の健康保険組合が胴元です。

保険に加入している人々は「被保険者」と呼ばれます。被保険者は保険者に毎月保険料を納付します。自営業者は居住地域の役所・役場に国民健康保険料を支払います。サラリーマンは給与から健康保険料を天引きされます。

被保険者やその家族がけがをしたり病気にかかれば、クリニックや病院を受診し、医療サービスの現物給付を受けます。その際、医療機関の窓口で一部自己負担金を支払います。現役世代は3割です。高齢者は年齢や所得によって1～3割の間で異なっています。

▼高額療養費制度

公的医療保険における月々の自己負担額が一定の限度額を超えると、それを上回る部分の自己負担額は免除されます。なお、高額療養費制度は保険診療に限って適用され、次項に示す「先進医療」、差額ベッド代、自由診療などには適用されません。

高額療養費制度を用いれば、いくら医療費が軽減されるか、シミュレーションをしてみましょう。**第4章**で紹介した、オプジーボという薬による肺がん治療を想定します。

オプジーボによる治療費は月額150万円、年額1800万円ぐらいかかります。3割自己負担であっても月額45万円、年額540万円です。一般の方々ならば家計が破綻するほどの金額です。しかし、高額療養費制度が適用されれば、自己負担額は大幅に減ります（**図表6－1、6－2**参照）。

①69歳以下で年収約370万〜約770万円の場合

最初の３か月間の自己負担額は次のようになります。

80,100＋（1,500,000－267,000円）×1％＝92,430円

４か月目以降は毎月４万４４００円ですから、年間の合計額は次のようになります。

92,430×3＋44,400×9＝676,890円⬇年額５４０万円の負担が約68万円に軽減

②69歳以下で年収約７００万円〜約１１６０万円の場合

最初の３か月間の自己負担額は次のようになります。

167,400＋（1,500,000－558,000円）×1％＝176,820円

４か月目以降は毎月９万３０００円ですから、年間の合計額は次のようになります。

176,820×3＋93,000×9＝1,367,460円⬇年額５４０万円の負担が約１３７万円に軽減

③69歳以下で住民税非課税者の場合

最初の３か月は毎月3万５４００円、４か月目以降は毎月2万４６００円ですから、年間の合計額は次のようになります。

35,400×3＋24,600×9＝327,600円⬇年額５４０万円の負担が約33万円に軽減

図表６-１　高額療養費の自己負担額（69歳以下の場合）

適用区分	ひと月の上限額（世帯ごと）
年収約1,160万円～	252,600円＋（医療費－842,000）×１％ ※４ヶ月目以降：140,100円
年収約770万～ 約1,160万円	167,400円＋（医療費－558,000円）×１％ ※４ヶ月目以降：93,000円
年収約370万～ 約770万円	80,100円＋（医療費－267,000円）×１％ ※４ヶ月目以降：44,400円
～年収約370万円	57,600円 ※４ヶ月目以降：44,400円
住民税非課税者	35,400円 ※４ヶ月目以降：24,600円

注：平成30年８月以降
（出典）厚生労働省保険局「高額療養費制度を利用される皆さまへ」
http://www.mhlw.go.jp/file/06-Seisakujouhou-12400000-Hokenkyoku/0000161153.pdf

図表６-２　高額療養費の自己負担額（70歳以上の場合）

<table>
<tr><th colspan="2" rowspan="2">適用区分</th><th colspan="2">ひと月の上限額</th></tr>
<tr><th>外来（個人ごと）</th><th>（世帯ごと）</th></tr>
<tr><td rowspan="3">現役並み</td><td>年収約1,160万円～</td><td colspan="2">252,600円＋（医療費－842,000）×１％
※４ヶ月目以降：140,100円</td></tr>
<tr><td>年収約770万円～
約1,160万円</td><td colspan="2">167,400円＋（医療費－558,000円）×１％
※４ヶ月目以降：93,000円</td></tr>
<tr><td>年収約370万円～
約770万円</td><td colspan="2">80,100円＋（総医療費－267,000円）×１％
※４ヶ月目以降：44,400円</td></tr>
<tr><td>一般</td><td>年収156万～約370万円</td><td>18,000円
（年間上限14万４千円）</td><td>57,600円
※４ヶ月目以降：44,400円</td></tr>
<tr><td rowspan="2">住民税
非課税等</td><td>Ⅱ　住民税非課税世帯</td><td rowspan="2">8,000円</td><td>24,600円</td></tr>
<tr><td>Ⅰ　住民税非課税世帯
（年金収入80万円以下など）</td><td>15,000円</td></tr>
</table>

注：平成30年８月以降
（出典）厚生労働省保険局「高額療養費制度を利用される皆さまへ」
http://www.mhlw.go.jp/file/06-Seisakujouhou-12400000-Hokenkyoku/0000161153.pdf

▼「先進医療」の効果は不明

「先進医療」という字面を見て、「先進的で治療効果の高い医療」と勘違いしてはなりません。技術は先進的であっても治療効果は不明であって、その評価のために実施する試験的な医療です。

逆に言うと、期待するほど効果がないこともあります。

「先進医療」とは、「厚生労働大臣が定める高度の医療技術を用いた療養であって、保険給付の対象とすべきものであるか否かについて、適正な医療の効率的な提供を図る観点から評価を行うことが必要な療養」と定義されています。

先進医療は保険診療との併用が認められています。通常の保険診療分は1〜3割自己負担であるものの、先進医療の費用は全額患者自己負担となります。

つまり「先進医療」は、「高額な対価を払っても、効果があるかどうかわからない医療」です。

「先進医療」という名前がよくないのです。「未証明医療」とか「実験医療」としてはどうでしょうか？

先進医療の効果が証明されれば、もはや先進医療ではなく保険診療に組み入れられます。つまり、保険診療のほうが治療効果はより保証されています。

例えばがんの治療では、手術・抗がん剤・放射線など多くの標準的な治療が保険診療に組み入れられています。

がんの治療は一度受ければ終了というわけでなく、再発すれば再治療が必要となる場合もあります。治療法を次々に変えて実施するケースも少なくありません。

標準治療に十分な効果が得られなくなることもあります。その場合に、保険適用外の先進医療を選択するかどうかは患者の意志と財力次第です。

例えば、重粒子線や陽子線などの粒子線治療は保険がきかず、先進医療として受けることはできます。その費用は約３００万円と高額です。

これだけ高額で「先進」と名の付く医療なのだから、きっと効果がある、と考えるのは思い込みに過ぎません。

がん治療の切り札のようにメディアが取り上げているのも不適切です。

現実には、その効果は未知数です。重粒子線についてはこれまで6件の臨床試験の結果が報告されていますが、いずれもはっきりとした延命効果は示されていません。

効果がはっきり証明されないから、ずっと「先進医療」のままで保険診療に移行しない状態が続いているのです。

先進医療や差額ベッドは利用せず、保険適用の医療サービスだけを利用すれば、いかに高額な治療であっても、高額療養費制度を利用することにより年間の自己負担額は低く抑えられます。大病をして一年中ずっと高額な医療を受け続けても、低所得者は33万円、総所得６００万円以下ならば100万円未満、総所得600万円超ならば200万円未満の負担に抑えられます。

▼医療費の支払い方式

診療報酬の計算方式には、出来高払い方式と包括支払い方式があります。その他に、日本では採用されていませんが、人頭払い方式があります。

出来高払い方式は、個々の医療サービス（医師の診察、検査、投薬、処置など）に個別の単価を設定し、実際に行われた医療サービスの単価を積み上げて料金を計算する方法です。投薬や検査などをやればやるほど医療機関の収入は上がるので、出来高払いは「過剰診療」を生みやすく、そのため医療費が上がりやすい、と言われています。

日本の外来診療は原則として出来高払い方式です。

包括支払い方式は、大病院における入院医療などに用いられています。患者を特定の診断名と処置の組み合わせ（例えば、心筋梗塞とカテーテル治療、など）によりグループ分けし、同じグループの患者には1日あたりの入院料を原則として定額とする方法です（一部の高額薬剤や手術料などは出来高払いです）。

出来高払いと違って、検査や投薬が多くなっても病院の収入は増えません。病院にとっては、検査や投薬にかかる費用は病院の持ち出しになり、収入から費用を差し引いた利益が減少します。そのため、包括支払い方式は「過少医療」を引き起こす可能性がある、と言われています。

しかし実際には、包括支払方式を導入している大病院全体として、過少診療が起こっている事実は確認されていません。

人頭払い方式は、イギリスの家庭医（general practitioner：GP）制度などで採用されている支払い方式です。イギリスの医療は国営であり、National Health Service（ＮＨＳ）という機関が管理しています。

地域の人口に合わせて、各地域に必要な人数のＧＰが振り分けられています。人々は居住地域のＧＰに登録します。

ＧＰは地域住民の人口に合わせてあらかじめ決められた予算を配分されます。ＧＰは予算の範囲内で住民に各種の予防・医療サービスを提供します。近年はイギリスのＧＰも一部出来高払いが認められています。

患者はけがや病気にかかると、まずＧＰのいるクリニックに予約し、受診します。専門的な治療や入院が必要な場合、ＧＰから病院へ紹介されるシステムとなっています。

患者はＧＰを介さないで直接病院にかかることは原則としてできません。

このようにＧＰは、患者が病院にかかる前の門番の役を担っています。これをゲートキーパー（gatekeeper）システムといいます。

以前は各世帯に自動的に特定のＧＰが割り付けられていました。しかし、ＧＰにも当たりはずれや、各患者との相性の違いもあります。

近年は住民が複数のGPから1人を選べるようになっています。都市部では複数のGPが1つのクリニックを運営する「グループ診療」も行われています。

2 外来診療のしくみ

「かかりつけ医」とは

日本には「○○医」という名称がたくさんありすぎて、国民にはわかりにくくなっています。「研修医」「勤務医」「開業医」ならまだわかりますが、「かかりつけ医」「家庭医」「総合診療医」「専門医」となると、何やら意味不明です。

「研修医」とは医学部を卒業したばかりの見習い医師です。医学部6年を終了後に国家試験に合格すれば医師免許をもらえますが、そのあとさらに数年、臨床研修が義務づけられています。

日本の多くの医師は研修終了後も、病院の「勤務医」としてキャリアを積んでいきます。一昔前までは、大学病院の各診療科の医局に所属し、医局からの派遣で関連病院に勤める、というキャリア形成がパターン化していました。

2004年に「新臨床研修制度」が導入されて以降は、医局に属さない新卒医師が増え、医局の人事システムはかなり廃れてしまっています。

そのまま勤務医としてずっと働き続ける医師もいますが、高齢になるほど病院のポストは減っていきます。病院を離れて独立し「開業医」となる医師も多くなります。

かつて研修医は、大学病院の特定の診療科の医局に所属し、その科の専門的な教育を受けてきました。2004年の「新臨床研修制度」導入以降、研修医は内科・外科・小児科・産婦人科など多くの診療科をローテーションで研修する方法に変わりました。

それとともに、特定の診療領域でなく、すべての分野に万遍なく対応できる「総合診療」の担い手である「総合診療医」を養成するための卒前・卒後カリキュラムも徐々に導入されてきました。

「総合診療医」と「家庭医」の違いは明確ではありません。「総合診療医」は病院の勤務医、「家庭医」は総合診療ができる開業医というイメージがおよそ正しいでしょう。

しかし、現在開業医として働いている医師たちの多くは、かつて大学医局やその関連病院の特定の診療科で勤務医として働いていました。「総合診療」の教育を受けた経験がありません。内科の勤務医だった医師は内科で開業します。整形外科の勤務医だった医師は整形外科で開業します。眼科の勤務医だった医師は眼科で開業します。

つまり今の日本の開業医の多くは「家庭医」ではありません。

現在、国は「地域包括ケア」を推進しています。地域包括ケアシステムとは、予防・医療・

介護を高齢者の生活圏内の地域で一体的に提供できる体制を指します。

地域包括ケアにおいて、「家庭医」がその中心的な役割を担うべきです。高齢者の疾病や身体機能低下に伴う日常生活の不具合を発見してそれに対応する、身近で頼りになる「家庭医」の養成が、喫緊の課題です。

さらにもう1つあるのが、「かかりつけ医」という日本医師会が作った呼称です。日本医師会というと一般の方々には政治団体のように見えるかもしれませんが、実際は一般市民向けの医療の啓発活動や医師向けの卒後生涯教育を活発に行っています。

日本医師会によれば、「かかりつけ医」とは、「なんでも相談できる上、最新の医療情報を熟知して、必要な時には専門医、専門医療機関を紹介でき、身近で頼りになる地域医療、保健、福祉を担う総合的な能力を有する医師」だそうです。

この「かかりつけ医」の定義は、内容的には「家庭医」のそれとあまり変わりません。しかし、総合診療の教育を受けたことがない、今いる開業医たちを「家庭医」と名乗るのはふさわしくないから、「かかりつけ医」という別の呼び名が作られたのかもしれません。

どちらにしろ、このような理想的な「かかりつけ医」が、いったいこの日本にどれほどいるのか把握できません。しかし、大学で「総合診療」を習った経験がなくても、勤務医から開業医に転身した後、独学とオン・ザ・ジョブ・トレーニングで、総合診療やパブリック・ヘルスをものの見事に成し遂げている理想的な「かかりつけ医」が多数いることも事実です。

患者が自由に病院を選べるフリーアクセスの弊害

▼フリーアクセスによるハシゴ受診

イギリスのゲートキーパー・システムとは異なり、患者が自由にクリニックや病院の外来を受診できるシステムを、フリーアクセス（free access）といいます。

各国の外来診療の支払い方式とゲートキーパー／フリーアクセスの組み合わせ（主なもの）をまとめると、次のようになります。なおアメリカは保険者によってばらばらです。

- **人頭払い＋ゲートキーパー**：イギリス・オランダ・イタリアなど
- **出来高払い＋ゲートキーパー**：フランス、デンマーク、カナダ、オーストラリアなど
- **出来高払い＋フリーアクセス**：日本、ドイツなど

OECDヘルスデータによれば、「出来高払い＋フリーアクセス」を採用している日本とドイツにおける年間平均外来受診回数は、他国と比べてかなり多くなっています。

フリーアクセスは、患者が複数のクリニックや病院の外来を「ハシゴ受診」すること、それによって複数の医療機関から似たような薬が処方される「重複処方」を引き起こすことが大問題です。

図表6-3　1人当たり年間平均外来受診回数

	年間平均外来受診回数（2016）
日　本	12.7
ドイツ	10.0
フランス	6.3
イギリス	5.0
アメリカ	4.0

上の表を見ると、日本の患者は平均で1月に1回、イギリスの患者は平均2～3か月に1回外来に通っています。日本の外来受診回数が特に多いのは、高齢者による受診です。

もちろんこれは、日本の高齢者が諸外国の高齢者と比べて病気になりやすいというわけではありません。フリーアクセスという制度の結果です。しかしそれは、日本の高齢者に非があるわけではありません。現状の日本の制度がそれを許しているのであって、高齢者はその制度の下で合理的な行動をとっているに過ぎません。「高齢者は無駄な医療を受けている」といった、世代間対立をあおるような議論には意味がありません。

制度的に許容されているのにそれをせずに我慢している高齢者の方がモラルが高く、制度にのっかって医療サービスを受けている人たちはモラルを欠いている、と断定するのはおかしな話です。

日本の経済学者と麻酔科医が共著で書いた、糖尿病・高血圧の患者の医療機関への受診間隔と血糖値・血圧のコントロール状況の関連を調べた論文が、日本の経済誌に載っています。[2]

メタボ健診とレセプトのデータを使った分析の結果、医療機関への受診間隔と血圧や血糖値コントロール状況には関連が認められなかったといます。

「受診頻度が医学的な必要性と無関係に決められている現在の状況は好ましくない」とのことです。だから受診頻度を減らして医療費を削減すべき、と訴えたいのでしょうか。

健診・レセプトデータに詳しい臨床情報は含まれません。そのようなデータから「受診頻度が医学的な必要性と無関係」と断じることはできません。

日本の糖尿病の専門医たちが著し、イギリスの医学専門誌に掲載された論文には、異なる内容が書かれています[3]。

高血糖の患者を早期に治療し外来で継続的な管理を行えば、良好な血糖値コントロールが可能です。外来に通わず放置すれば糖尿病は悪化します。つまり糖尿病の患者にとって頻回の外来受診による継続的な管理は必須です。

---

2 井伊雅子、関本美穂「日本のプライマリ・ケア制度の特徴と問題点」『フィナンシャル・レビュー』平成27年第3号。

3 Heianza Y, et al. Impact on short-term glycaemic control of initiating diabetes care versus leaving diabetes untreated among individuals with newly screening-detected diabetes in Japan. *Journal of Epidemiol Community Health*. 2014 ; 68 (12) : 1189-1195.

▼フリーアクセスはやめるべき

日本のフリーアクセスは、複数の医療機関をまたぐ「ハシゴ受診」や「重複処方」が起こる点で問題です。同じ医師のもとを繰り返し受診すること自体は、医学的な必要性があっての受診もあるため、一概に問題とは言えません。

日本の現状の医療制度では、患者の「ハシゴ受診」をいくらか抑制する施策が講じられています。2016年度の診療報酬改訂では、クリニックからの紹介状なしで500床以上の大病院などを受診する際、定額の自己負担（初診5000円以上、再診2500円以上）を課すようになりました。

「かかりつけ医」に手厚い診療報酬改訂もなされています。2014年度改訂では「地域包括診療料」が導入されました。これは、クリニックおよび200床未満の病院の外来で算定できる届出制の包括支払システムです。算定対象患者は、高血圧、糖尿病、脂質異常症、認知症の4疾病のうち2つ以上を有する患者で、複数の疾患を管理することが条件です。

2016年度改訂では、認知症患者や小児のかかりつけ医の機能を評価するとともに、「かかりつけ薬剤師」に対する診療報酬も新設されました。

しかしこれらはいずれも、現状のフリーアクセスの枠内での運用にとどまっており、その効果は限定的とみられます。

日本の医師の多くは、勤務医も開業医も、総合診療の教育を受けたことがありません。内科開業医は内科疾患の患者、皮膚科の開業医は皮膚病の患者、眼科の開業医は眼病の患者しか診ません。

病気になると、どの科にかかっていいのかすら誰も教えてくれません。フリーアクセスなので、医療機関のハシゴ受診は自由。患者自身がいくつものクリニックや病院の外来をハシゴ受診し、やっと治療してくれる医師を見つけた、ということもあります。

複数の病気を抱える患者は、極端に言えば、病気の数だけかかりつけ医がいます。一人の患者をいろんな医師が診ているものの、どの医師も一元管理していません。患者は自分の病気の総合的な管理を自分自身でしなければなりません。

複数の医療機関で処方され、複数の調剤薬局でもらった薬を、自分自身で管理しなければならないのです。しばしばそれがうまくいかず、ポリファーマシーや残薬の状況に陥っています。

フリーアクセスによるこうした非効率を解消するには、フリーアクセスという制度そのものをやめるべきでしょう。イギリスのようなＧＰ制度を導入し、家庭医が地域住民の健康管理や疾病予防を担当し、住民１人当たり定額報酬を受ける「人頭払い」の仕組みを導入すべきです。

家庭医は、いくら多くの検査をやっても、多くの薬を処方しても、患者１人当たりの月額収入は同じ。このようなシステムによって、家庭医には一定の収入が保証され、安定的なクリニック経営ができると同時に、過剰・不要な検査や処方も一掃されるでしょう。

患者にとっては、健康上のいかなる問題についても、いつでも身近に相談できる家庭医の存在は大きいといえるでしょう。専門的な診療が必要な時は家庭医が紹介してくれます。もう患者が医者巡りをする必要はありません。

こうした方法を、医療従事者や患者の努力目標としてではなく、制度として実現するための法整備が必要となるでしょう。

自己負担割合を上げるとどうなる?

▼医療サービスの価格と需要

一般に、財やサービスの需要の価格弾力性とは、価格が1%上昇すると需要が何%減少するかを示す値です。この値が1を超える場合、その財・サービスは価格弾力的であり、奢侈《しゃし》財といわれます。

すなわち、消費者はぜいたく品の価格が上昇すると、それに反応して買い控えるという行動をとります。それに対し、この値が1を下回る場合、その財・サービスは価格非弾力的であり、必需品といわれます。消費者は必需品の価格が少々上昇しても、買い控えることはありません。

これまでの医療経済研究の結果では、医療サービス需要は概ね価格に対して非弾力的です。入院医療は需要の価格弾力性が特に低い、すなわち価格が上昇しても入院医療の需要が減らないことが知られています。

つまり入院医療は必需品なのです。

外来医療は、入院医療と比べると価格弾力性はやや高くなっており、価格の上昇によって需要は少し減少しますが、大幅に減少することはありません。

しかし、一部の歯科治療や施設介護などは所得に対する弾力性が高い、すなわち高所得者は利用しても低所得者は利用しないことが知られています。

▼自己負担割合上昇による医療費抑制

2017年11月の時点で、公的医療保険の自己負担割合は、70歳未満が3割、70－74歳は2割、75歳以上は1割負担に据え置かれています。ただし高齢者でも高所得者は3割負担です。据え置かれている1割を2割に上げるかどうかが常に議論となります。

自己負担が1割とは、例えば、もともと1万円かかる医療サービスのうち、その1割に当たる1000円だけ、その医療サービスを受けた高齢者が医療機関の会計窓口で支払います。残りの9000円分については、医療機関が保険者に請求し、支払を受けます。

自己負担を1割から2割に上げても、ただの1割増だからいいではないか、という意見があるかもしれません。

しかし高齢者が直面する支払額は倍増します。1回当たり1万円かかる医療サービスの自己負担が1割から2割に上がれば、高齢者が支払う自己負担金は1回当たり1000円から20

00円に上がります。当の高齢者にとって負担は倍増し、その分、公的医療保険の支出は、9000円から8000円に減ります。

高齢者の自己負担割合を上げると医療費を抑えられる、と言われることがあります。その理屈はこうです。出来高払い制度の下で自己負担割合が上がれば、高齢者は自分のフトコロから出ていく出費を抑えるために医療機関への受診回数を減らします。

単純化していえば、自己負担額1回1000円の医療サービスを月2回受けていたところに、自己負担額が1回2000円に上がれば、月2回行くところを月1回に控えるかもしれません。その結果、公的医療保険からの支出は1万8000円（＝9000円×2）から、8000円に下がります。それだけ国民が負担する医療費は抑制されるという理屈です。

しかし実際は、前項で記した通り、基本的に医療サービスは価格に対して非弾力的です。自己負担割合を少々上げても国民医療費の抑制効果はわずかです。

▼自己負担割合を上げると患者の健康を害するか？

政府が公的医療保険の自己負担割合を上げると、患者が医療機関にかかることを控える結果、病気の早期発見・早期治療のタイミングを逃して重症化してしまう、健康を害すると言われることがあります。

本当に、自己負担割合を上げると患者の健康を害するのでしょうか？

これについては過去にいくつかの医療経済研究が実施されています。

最も質の高い研究が、約30年前にアメリカのＲＡＮＤ研究所が実施したRAND Health Insurance Experiment（医療保険実験）です。１９７１年から１９８２年にかけて実施された、医療保険に関する大規模な社会実験です。[4]

約６０００人の対象者をいくつかのグループに無作為に振り分け、各グループに自己負担割合や支払い上限額の異なる医療保険プランを提供しました。

自己負担割合については０％、25％、50％、95％、１００％の5種類が設定されました。その後追跡調査を行い、参加者の医療機関への受診状況や健康状態を記録しました。健康状態は、高血圧など30項目の健康指標が計測されました。

その結果、自己負担割合が高いグループほど、外来受診率や入院率は低くなる傾向が認められました。さすがに０％（自己負担なし）と１００％（全額自己負担）の差は大きく、前者に比べて後者は約31％受診率・入院率が低下しました。

ところが、医療保険の自己負担割合と参加者の健康状態との間には全体としては関連が認められませんでした。すなわち、自己負担割合が高くても患者の健康状態が悪くなるわけではあ

4　Manning WG, Newhouse JP, et al. Health insurance and the demand for medical care : evidence from a randomized experiment. *The American Economic Review*. 1987 ; 77 : 251-277.

りませんでした。
ただし低所得者に対象を絞ると、自己負担割合が１００％のグループでは受診率がかなり低下し、いくつかの健康指標も悪化していました。
このことから、無保険の低所得者に対して医療保険を提供する特別の対策が有効であることが示唆されました。[5]
しかし、ＲＡＮＤの社会実験は64歳未満が対象であり、65歳以上の高齢者については不明でした。高齢者における自己負担割合の低下と健康状態との関連については、厚生労働省が実施している「国民生活基礎調査」のデータを用いて、日本の経済学者が優れた研究結果を報告しています。
その研究が実施された当時、70歳以上の自己負担割合は一律1割でした。つまり調査対象者は、70歳になるとそれまで3割であった自己負担割合が1割に減少する、という体験を経ていました。
研究結果によると、70歳を境に外来患者数は約10％増加していました。しかし、それによる短期的な死亡率の変化は認められませんでした。[6]
以上をまとめると、低所得者を除いて、医療保険の自己負担割合が変化しても、患者の健康状態への影響は認められません。低所得者については、自己負担が高いと医療機関にかからなくなり健康を害する可能性があるため、自己負担を軽減する政策は重要です。

高齢者の場合、自己負担割合が低くなると医療機関に受診する回数が増えます。しかし受診回数の増加が、死亡率の低下には直接つながりません。ただし、死亡にまでは至らない健康状態やＱＯＬとの関連は明らかではありません。

▼かぜの診療は自己負担割合を上げるべきか？

かぜなどの軽症疾患で病院・クリニックにかかる場合は患者の自己負担割合をもっと高く設定すべきである、というような政策提言を一部の経済学者たちが何十年も前から唱えています。しかし、そんな提言を政治家たちは一顧だにしません。高齢者のフトコロを直接痛めるような政策を推し進める政治家は、次の選挙で職を失うからです。

万一、かぜの患者の自己負担割合を上げるという政策が導入されたとしても、その医療費抑制効果は限定的、あるいはむしろ医療費を上昇させてしまう可能性もあります。つまり政策としては失敗に終わります。その理由は次の通りです。

かぜに処方される薬と、肺炎に処方される薬はあまり違いがありません。かぜにも肺炎にも抗菌薬が処方され、解熱薬や咳止めも処方されます。仮に、かぜならば公的医療保険が利用で

5　Newhouse JP. Free for All? : *Lessons from the RAND Health Insurance Experiment.* Harvard University Press. 1996.
6　Shigeoka H. The Effect of patient cost sharing on utilization, health, and risk protection. *American Economic Review* 2014 ; 104 (7). 2152-2184.

きず10割負担、肺炎ならば保険適応で3割負担となれば、「かぜ」という病名はなくなり、「肺炎」という保険病名が増えるだけです。ちなみに「保険病名」とは、もっぱら保険に通すことを目的につけられる病名です。

医療制度がこういったモラルハザードを許してしまうことになります。モラルハザードという言葉は、医療制度のためにある用語と言ってもよいでしょう。

制度が悪いのです。患者や医師を非難しても始まりません。モラルハザードが起こりにくい制度を検討するべきでしょう。

「かぜは10割負担」という筋の悪い政策ではなく、「出来高払い・フリーアクセス」をやめて「人頭払い・ゲートキーパー」にするのが正しい政策でしょう。

自治体による子供医療費の助成

▼子供医療費助成で少子化対策?

日本の公的医療保険制度では、小児に対する医療費の自己負担割合は、小学校入学前までは2割、小学校入学以降は3割となっています。残りの7－8割は保険から支払われます。

さらに、すでに多くの市区町村が子供医療費の助成制度を導入し、子供医療費の無料化を実現しています。近年はその対象年齢をより高学年まで拡大している自治体が多くなっています。

この子供医療費助成の目的が今一つはっきりしません。「少子化対策」と謳っている自治体もありますが、いったいどれほど少子化対策に有効か明らかではありません。

子供医療費を助成すれば出生率が上がるという根拠はありません。

周りの自治体が行っているからという理由で導入した自治体もあるでしょう。自治体Aが中学生まで無料化したら、隣の自治体Bは高校生まで無料化を導入しようとします。まるでチキン・レースのようなありさまです。

一度無料化した医療費を元に戻すことはできません。

▼子供医療費助成による医療費の増加

自治体は、親の出費を軽減することで、子供をもつ家庭に優しい行政をアピールしているのでしょうか？ しかし、そのような政策がかえって医療費の増大を招き、その負担は働く世代にすべてつけ回されます。

自治体が独自判断で患者自己負担を補填すれば、医療費の「波及増」を引き起こし、その増加分は自治体だけでなく国も一部を負うことになります。

国は、自治体が子供医療費助成を行う場合、自治体に対する国庫負担を減額して調整する制度を導入しています。子供医療費を無料にした自治体には、国庫負担は86・11%に減額されます。

この減額調整制度について、当然、自治体は反発しています。「少子化対策という国の大方針に逆行する」として廃止を求める意見もあります。この制度を廃止すれば、各自治体で他の少子化対策に財源を充当できる、と主張する自治体担当者もいます。

私にはやや身勝手な言い分に聞こえます。自治体が引き起こした負担増は、その自治体が引き受けるべきでしょう。他の地域の住民に負担をしわ寄せするのは不公平です。

▼子供医療費助成は子供の健康を向上させるか?

子供医療費助成によって患者は外来にかかりやすくなり、それによって病気が重症化する前の早期治療につながり、入院を防ぐことができるでしょうか?

子供医療費助成によって総医療費は上がりますが、それに見合う子供の健康レベルの向上が認められれば、医療費増もある程度正当化できるかもしれません。日本の最近のデータを用いて、その実態に迫った研究を紹介しましょう。[7]

この研究では、DPCデータという医療ビッグデータが用いられました。[8]

全国977病院に2012年度および2013年度に入院した6-18歳の患者36万6566件のデータが抽出され、1390の市区町村ごとに集計されました。

子供医療費助成の対象年齢の引き上げによって、入院件数がどのように変化するのか検証されました。各自治体の平均の課税対象所得データを利用して、平均所得が中央値（275万5

000円）よりも高い自治体は高所得の自治体、それ以外は低所得の自治体と定義されました。その結果、全体でみると、助成の対象年齢の引き上げによって、入院件数は増えも減りもしていませんでした。

一方、低所得の自治体だけで見ると、対象年齢の引き上げによって入院件数は減少していました。例えば12歳から15歳に引き上げると、入院件数は5％減るという関連性が見られました。中でも、外来でうまく治療すれば入院を防げたはずの病気（喘息など）による入院件数が減少していました。

ところが、高所得の自治体ではむしろ、対象年齢の引き上げによって入院件数は増加していました。入院の中身を見ると、低所得の自治体では対象年齢の引き上げによって緊急入院が減少し、高所得の自治体では検査入院が増加していたものの緊急入院は減少していませんでした。

これらの結果は、外来サービスと入院サービスが、低所得地域では代替的であり、高所得地域では補完的であることを示唆しています。

平たく言えば、低所得地域では子供医療費の助成がないと、外来サービスの利用が減り、結果として病気の悪化による緊急入院が増える可能性があります。

---

7 Kato H, Goto R. Effect of reducing cost sharing for outpatient care on children's inpatient services in Japan. *Health Economics Review* 2017；7：28.

8 康永 秀生「ＤＰＣデータによる臨床疫学研究の成果と今後の課題」『医療と社会』2016；26（1）：7-14

低所得地域では外来医療費助成にかかる費用は入院の減少によって部分的に相殺される可能性があります。しかし、高所得地域ではそのようなことは期待できません。

外来にかかりやすくなったせいで、検査入院が増加するのです。

この研究の限界は、個別の世帯の所得は調べられていないことです。あくまで地域の平均所得です。

この研究から言えることは、所得に関係なく一律に助成することは、高所得層による医療の消費を助長し、医療費を増大させ、しかも健康の向上にはつながらない可能性があるということです。

しかし、低所得層への子供医療費助成は推奨されるべきです。子供医療費の一律の助成は正当化されません。やるとしてもせいぜい、低所得世帯に絞った助成にとどめるべきです。

子供医療費助成制度については、厚生労働省の「子どもの医療制度の在り方等に関する検討会」で検討され、平成28年に議論が取りまとめられました。

子供医療費助成を肯定する立場の意見として、「小児の貧困の問題が深刻になる中で、いざという時に躊躇なく医療機関にかかれる医療費無償化については子どもの命を守る仕組みになっている」という見解が示されました。

この見解について、私は両手を挙げて賛成です。

だからこそ、低所得層に限定して助成すべきです。小児の貧困問題にさらされていない高所得層まで一律に助成するのは、現に無駄な医療を招いているため、やめるべきです。

自治体が子供医療費を一度導入したら後には引けません。すでに導入してしまった自治体は、そんなことも織り込み済みで導入したはずでしょうから、国からの補助金が削られようと、自治体の責任として続ければよいでしょう。

これから助成制度の導入を検討しようという自治体は、考え直してはどうでしょうか？ 助成制度を導入するにしても、低所得層に限定した助成までにとどめるべきでしょう。

子供医療費助成だけが少子化対策ではありません。他の方策を検討してはどうでしょうか。

第7章

日本に病院が多い理由

1 なぜ日本は病院が多いのか？

先進各国の医療の比較

▼保健医療支出対GDP比

OECD（Organisation for Economic Co-operation and Development：経済協力開発機構）とは、先進国間の自由な意見交換・情報交換を通じて、経済成長、貿易自由化、途上国支援に貢献することを目的とした国際組織です。欧州22か国に加えて、日本やアメリカなど13か国を加えた35か国が加盟しています。

OECDヘルスデータは、35か国の保健や医療に関する調査データです。このデータは先進

図表7-1　保健医療支出、乳児死亡率、平均寿命の5か国の医療比較

●2006年

	日本	アメリカ	イギリス	ドイツ	フランス
保健医療支出 （対GDP比）（%）	7.8	14.7	7.4	10.1	10.0
乳児死亡率（%）	2.6	6.7	4.9	3.8	3.8
平均寿命（男性）（歳）	79.0	75.2	77.3	77.2	77.4
平均寿命（女性）（歳）	85.8	80.3	81.6	82.4	84.5

●2016年

	日本	アメリカ	イギリス	ドイツ	フランス
保健医療支出 （対GDP比）（%）	10.9	17.2	9.7	11.3	11.0
乳児死亡率（%）	2.1	5.8	3.9	3.3	3.7
平均寿命（男性）（歳）	80.8	76.3	79.2	78.3	79.2
平均寿命（女性）（歳）	87.1	81.2	82.8	83.1	85.5

（OECDヘルスデータ2017より引用）

各国の医療の比較に良く引用されます。とはいえ、各国の医療には数値化できない種々の個別事情があり、そうした事情を踏まえない単純な数値比較は様々な誤解を生みます。

日本、アメリカ、イギリス、ドイツ、フランスの5か国間で、OECDヘルスデータ2017にある様々な保健医療データを比較してみましょう。

図表7－1の中で、「保健医療支出」とは、日本の「国民医療費」よりも少し範囲の広い概念です。保健医療支出（対GDP比）は、各国の保健医療支出を国内総生産（GDP）で割ったものです。

かなり以前から、「日本は保健医療支出対GDP比が先進各国よりも低い割に、平均寿命は長く乳児死亡率が低い、つまり日本は低コストの医療で高い健康水準を維持している」などと言われてきました。

私は以前から、この種の主張に違和感を感じてきました。

まず、日本の乳児死亡率が低いのは、医療のおかげもありますが、むしろ公衆衛生や母子保健のおかげです。平均寿命が長いことも、医療の寄与は少なく、食生活や生活習慣の改善が主に寄与しています。しかも、日本の平均寿命が突出して長いわけでもありません。2016年のデータでは、女性の平均寿命はどの国も81歳を超えています。日本に次ぐフランスとの差はわずか1.6歳です。さらにこの数字は平均寿命であって、健康寿命ではありません。このデータをもって「高い健康水準を維持している」とは言えません。

なお、日本の「国民医療費41兆円」には介護の費用が入っていません。「保健医療支出」にはそれが入っています。2016年の日本の保健医療支出（対GDP比）は10・9％です。ドイツ、フランスに迫っており、もはや「日本は低コスト」とはとても言えない状況です。

▼人口当たり病院数、ベッド数

図表7－2を見ると、5か国のうち、日本の人口当たり医師数は相対的に少なくなっています。しかし人口1人当たり年間外来受診回数は突出して多くなっています。

日本の人口千人当たり病院ベッド数も突出して多いと言えます。急性期のベッド数に限っても、日本はOECD各国の中で最多です。このいびつな日本の医療資源配置について、いくつ

図表7-2　人口当たり医師数、ベッド数、外来受診回数の５か国の医療比較

●2016年

	日本	アメリカ	イギリス	ドイツ	フランス
人口千人当たり医師数	2.4	2.6	2.8	4.1	3.3
人口１人当たり 年間外来受診回数	12.7	4.0	5.0	10.0	6.3
人口千人当たり 病院ベッド数	13.2	2.8	2.6	8.1	6.1
人口千人当たり 急性期ベッド数	7.9	2.5	—	6.1	4.1
平均在院日数（全病院）	29.1	6.0	7.1	9.0	10.1

か補足説明が必要です。

病院やベッドの定義が各国で異なっています。アメリカ的な感覚で言うと、病院のベッドとは、急性期の患者の治療を行うためのベッドです。ここでいう「急性期」とは、心筋梗塞や脳梗塞などの急性疾患の初期だけでなく、手術などを行った直後の集中治療が必要な時期です。

ところが日本の病院では、急性期を過ぎた後の回復期リハビリテーションも行っています。さらに回復期を過ぎて慢性期に至り、もはや医療ではなく介護の対象になっても、病院のベッドで引き続きケアを受けます。

そのため日本の平均在院日数（全病院）は諸外国に比べ突出して長くなっています。

図表7－2に示す通り、日本の人口千人当たり病院ベッド数が13・2に対して急性期ベッド数は7.9であり、その差分の5.3は非急性期のベッドです。

ところがアメリカでは人口千人当たり病院ベッド数（2.8）のうちのほとんどが急性期ベッド数（2.5）を占めています。

アメリカでは、急性期を過ぎた患者の回復期の治療は、ナーシング・ホームやナーシング・ファシリティーと呼ばれる退院後の施設で実施されます。そうした施設に医師はおらず、看護師や理学療法士などが回復期のケアに当たっています。当然、病院と異なりケアの密度は低くなっています。

アメリカの病院のベッドは、日本で言えば集中治療室のベッドに近いといえるでしょう。集中治療室を出れば即退院し、自宅に帰るのではなく近隣のナーシング・ホームに移動します。そのため病院のベッド数は少ないし、病院自体の数も少なくなっています。

日本の病院数が約８５００に対して、米国の病院数は約５６００です。日本の人口が1.2億、アメリカの人口が3.2億ですから、人口百万人当たりの病院数は日本が71、アメリカは18であり、約４倍もの開きがあります。

日本とアメリカが両極端であって、ドイツとフランスはおよそ日米の中間に位置します。病院数も病院ベッド数も少ないアメリカが、必ずしも良いというわけではありません。日本の平均在院日数29日は長すぎますが、アメリカの平均在院日数６日は短かすぎます。

病床数の非効率

▼なぜ日本の病床数は多いのか？

日本の医療は、先進各国と比較して、人口当たり医師数はやや少ないにもかかわらず、人口当たり病院数・病床数は多く、平均在院日数は長くなっています。病院が医療だけでなく介護の役割も担っているからです。そこに日本の小規模病院の非効率が存在します。

厚生労働省・医療施設調査によると、2015年の時点で日本の病院数は約8500です。そのうち約1000病院は精神科病院、約7500が一般病院です。一般病院のうち、約3800は療養病床を持ついわゆるケアミックス病院です。

病院の開設者別にみると、約40の国立大学病院を含む国立の病院が約300、公的医療機関（都道府県立、市町村立、日本赤十字社、済生会など）が約1200です。これらを除く残り約7000病院は民間病院（医療法人、個人立など）です。

大学病院、国立病院、公的医療機関は大病院が多く、民間病院のほとんどは中小病院です。（例外的に民間病院にも大病院はあります）。

日本の国民皆保険が実現したのは1961年です。その当時はまだ医師数も病院数も少なかったのです。政府は高度経済成長の波に乗って、わが国の医療体制を充実させるために、病院数の増加に力を入れました。もともと個人経営のクリニックから出発した小病院が、全国各地に次々新設されていきました。1973年には田中角栄内閣の下で一県一医大政策が打ち出され、新設医大が増え、医学部の定員も増えていきました。

日本の経済が好調であった1960－1970年代は、日本の医療のインフラストラクチャーが急激に膨張した時期でもあります。病院数も病床数も右肩上がりに増え続けました。

1980年代になると、厚生労働省は病床数が将来過剰になるという予測を立てました。1985年に厚生労働省は医療法を改正し、一転して、病床数増加の規制に乗り出しました。日本全国を約300の「医療圏」に区分し、医療圏ごとに必要病床数を設定し、これを超える病床の新設を認めないこととしたのです。

この第一次医療法改正は、病床数の無秩序な増加に歯止めをかけ、医療提供体制の見直しを図るものでした。しかし皮肉なことに、この法規制がかえって病床数の増加にダメ押しを与えることとなります。

法改正の公布から施行まで1年の猶予期間のいわゆる「駆け込み増床」を誘発したのです。経済成長期に作られた150万床以上の病床という過大なインフラが、いまだに残っています。バブル崩壊とその後の経済停滞によって、多くの中小企業が倒産し、姿を消しました。しかし、公的医療保険制度に支えられている医療機関は、そのほとんどが消えずに残っているのです。

▼増えたものを減らすのは簡単ではない

増えすぎてしまった病床を減らすことは容易ではありません。すでに建ってしまった病院を取り潰すことも難しいでしょう。

なぜなら、公的病院であれ民間病院であれ、病院は地域住民にとって道路や橋と同じ、既存のインフラであるという認識が強いからです。

過剰な医療インフラは、それ自体の存続のために公的資金を投入し続けなければならない構造に陥っています。

従来から日本は、医療のインフラが過剰、かつ介護のインフラが過少です。そのため、本来は介護施設が担うべき介護ケアを病院が負担しているという問題を抱え、それが現在でも尾を引いています。

介護施設が担うべき日常生活上のケアを病院が担ってしまうと、必ずしも必要ではない過剰なサービス提供につながると言われています。入院の必要度が低い患者にも入院サービスが提供されるいわゆる「社会的入院」は、もう数十年前から問題視され、いまだに解消されていません。

増えすぎた病床を一気に削減するような政策は無理筋です。政府がそれを推し進めようとしても、医療関係者との軋轢を生むだけでなく国民の反感も買います。

そこで政府は、ゆっくりと時間をかけて社会的入院を減らし病床を減らす政策を数十年にもわたって行ってきました。度重なる医療法改正や、2年に1回の診療報酬改訂により、在院日数の短縮をせまり、病院・施設から在宅へのシフトを促す政策を展開し続けています。

▼療養病床は廃止の方針

高齢者は自然に身体機能が低下し、要介護度も進行します。通常の介護のほかに医師・看護師による治療も必要となれば、通常の介護施設の手には負えなくなります。

介護療養型医療施設は、医療ケアが必要な要介護者のために、医療と介護を併せて提供する長期療養型の施設として整備されました。法律上、「療養病床等を有する病院又は診療所であって、当該療養病床等に入院する要介護者に対し、施設サービス計画に基づいて、療養上の管理、看護、医学的管理の下における介護その他の世話及び機能訓練その他必要な医療を行うことを目的とする施設」とされています。

医療体制としては、入居者100人に対して医師は3人常勤、常勤の看護職員、介護職員はそれぞれ入居者6人に対して1人以上の配置が義務づけられています。

介護療養型医療施設のベッドは「療養病床」と呼ばれます。その設備は一般病床に近くなっています。1つの病院が一般病床と療養病床を併せ持っている場合、「ケアミックス病院」と言われます。もともと一般病院であった病院が、療養病床をも併せ持つようになったケースが多いようです。ケアミックス病院は、公的医療保険だけでなく介護保険からも収入を得ています。

介護療養型医療施設の退所者のうち、死亡退所が4割強、医療機関への移動が3割強、その他の介護施設への移動が約15%であり、自宅に帰るのは約10%に過ぎません。介護療養型医療施設の医師の役割は、入所者のターミナルケアと看取りや、容態が悪化した場合のスムーズな医療機関への移動をサポートすることです。

介護療養型医療施設の他に、介護度の高い要介護者向けの介護施設として、介護老人保健施設（老健）と特別養護老人ホーム（特養）があります。

介護療養型医療施設が「療養病床を持つ病院」と位置づけられているのに対し、老健と特養では医療サービスを受けられません。

特養は要介護3以上の高齢者が利用できます。老健は、病院と特養との中間に位置する施設です。ショートステイや、日帰りでリハビリテーションを受けるデイケアサービスも提供しています。

厚労省は、「介護を施設から在宅へ」という大きな政策方針の下、近い将来に介護療養型医療施設を廃止する方針を打ち出しています。２０１２年以降、介護療養型医療施設の新設は認可されておらず、施設数は減少の一途をたどっています。

介護療養型医療施設は、医療や看護をあまり必要としない入所者が多く占めている実態があります。本来は医療ケアを必要とせず介護ケアが中心の利用者本人やその家族にとっても、医師が常駐しており、容態が悪化すればすぐに一般病床に移ることができる介護療養型医療施設は、安心できる環境です。

しかし、それは希少な医療資源の非効率的な利用方法です。

社会的入院は、病院のモラルが低下しているわけでも、患者やその家族がわがままなわけでもありません。病院は制度に則った合理的な行動をとっているだけです。患者は利用できるサービスを探して利用しているだけです。

つまり病院やその利用者に問題があるわけではなく、医療制度の問題です。

厚生労働省がこの制度を改め、介護療養型医療施設を廃止の方向に打ち出したのは適切です。厚生労働省は、介護療養型医療施設廃止後の受け皿として、通常の介護老人保健施設（老健）より医療面を少し充実させた「新型老健」への転換を進めようとしています。

▼地域医療構想

厚生労働省は2014年に医療法に基づく「病床機能報告制度」を導入しました。各病院の自主的な機能分化と連携を促すことを目的に、各病院が病床の機能を自ら選択し都道府県に報告する制度です。

従来の「一般病床」「療養病床」を、「高度急性期機能」「急性期機能」「回復期機能」「慢性期機能」に分類しなおし、病院が自ら病棟ごとに機能を選択できることとなりました。

高度急性期：急性期の患者に対し、状態の早期安定化に向けて、診療密度が特に高い医療を提供する機能。

急性期：急性期の患者に対し、状態の早期安定化に向けて、医療を提供する機能。

回復期：急性期を経過した患者への在宅復帰に向けた医療やリハビリテーションを提供する機能。特に、急性期を経過した脳血管疾患や大腿骨頚部骨折等の患者に対し、日常生活動作（ADL）の向上や在宅復帰を目的としたリハビリテーションを集中的に提供する機能（回復期リハビリテーション機能）。

慢性期：長期にわたり療養が必要な患者を入院させる機能。長期にわたり療養が必要な重度の障害者（重度の意識障害者を含む）、筋ジストロフィー患者または難病患者等を入院させる機能。

報告内容は、病棟ごとの人員配置・設備、具体的な医療内容（手術件数、救急医療の実施など）です。報告データは一般に公表されています[1]。公表することによって、医療機関が地域の医療提供体制の現状について情報共有し、医療機関同士が相互に協議して、地域での医療機能の分化・連携を進められるようになります。

---

1 http://www.mhlw.go.jp/stf/seisakunitsuite/bunya/0000055891.html

各都道府県は、各病院から上がってきた病床機能報告のデータを活用し、各都道府県の実情にあった医療提供体制を作る「地域医療構想」を立案することとされています。

地域医療構想を実現に導く仕組みとして、①都道府県知事の権限強化と②地域医療構想調整会議の設置が定められ、病院の新規開設・増床、医療機能の転換、病床削減要請などについて、都道府県知事に一定の権限が付与されました。地域医療構想調整会議では、都道府県が医療関係者・保険者などのステークホルダー間の協議の場を提供することとしています。

▼病床数の非効率の解消に向けて

病院や介護施設が乱立している地域では、施設間の機能が重複しています。それらの整理が必要です。その一方、介護体制が不十分な地域では、その整備が急務です。病床機能報告のデータを活かして、各地域で必要な医療体制を再構築しなければなりません。

急性期病床は、地域における医療ニーズを踏まえて集約化すべきです。本来は大病院に集約すべき高度な医療技術が、中小病院にも分散されています。

それによって個々の病院の症例数が分散され、技術の標準化や全体としてのレベル向上が妨げられています。

心臓カテーテル室は、急性心筋梗塞の診断・治療を行うために必要な設備です。心臓カテーテル室のある病院は日本全国に１０００以上あります。その半分以上は年間１００症例未満です。年間100症例未満でその施設の技術レベルを維持することは難しいといえるでしょう。規模が小さく技術レベルが低い施設を数多く持つより、施設を集約化させて技術レベルを維持したほうがよい。つまり、半分以上の心臓カテーテル室は取り潰し、大病院に症例を集約すべきです。

経済学では、これを規模の経済性（スケールメリット）と呼びます。高度急性期医療に必要な資源は分散させることなく、選択と集中が必要です。

救急患者のたらい回しといった問題も、規模の経済性の欠如によるものです。規模が小さい施設を集約化して1つにし、すべての患者をその1施設に搬送することとすれば、たらい回しは起こりえません。

医療機関を機能分化し、急性期、回復期、慢性期をそれぞれ担う医療機関が連携をすることも必要です。現行の療養病床は廃止の方向であり、これが確実に進められると同時に、家庭医による在宅医療の推進がより重要となります。

医療機関が行政や住民と協力しながら、介護と連携した地域包括ケアシステムを確立していくことが、わが国の医療介護の持続可能性を担保するためには必須です。

さてこれらは筆者が掲げる理想論です。本当にこんなことが可能でしょうか？

▼病院同士の統合は難しい？

医療の効率化や集約化は、地域医療構想に基づき、各地域の実情に合わせ、地域の医療関係者らが主体的に取り組むことが肝要です。そのとりまとめは都道府県が行うべきです。

病院は開設者の違いによって、国立、公立、公的、民間など様々です。開設者が異なれば、国や地方から補助金を受けるルールも異なり、その根拠となる法律も異なります。国レベルの縦割りが地方にも反映されている形です。

いったい、都道府県が自主性をもって、その地域全体の医療の効率化・集約化をとりまとめられるのでしょうか？

そこはやはり、知事、県議会、そして県庁の役人たちの当事者意識にかかっています。

病院同士の統合は難しいと言えます。例えば、市町村合併の際、合併する2つの市がそれぞれ市立病院を持っている場合、どちらに集約するかは非常に困難な問題です。

また、ある地域に公立病院と民間病院が1つずつある場合、両者を統合して1病院にすることも考えにくいでしょう。どちらかの病院を取り潰すことも難しいと考えます。

しかし、診療科単位での選択と集中は可能です。

病院に範囲の経済性はありません。すべての病院が、すべての診療科をそろえる「総合病院」である必要性はありません。

例えば、ある地域において心臓カテーテル室を持つ病院が2つあり、少ない症例を分け合っている場合、それらを集約するにはどちらかの病院が心臓カテーテル治療から撤退すればよいでしょう。その地域の心臓カテーテル治療を要するすべての症例は、もう一方の病院に集約します。

規模の経済性が働き、その地域の循環器内科の医療サービスの質向上につながるでしょう。幸い医師の市場は流動的です。心臓カテーテル治療を撤退した病院の循環器内科医は、他の病院の循環器内科に再就職することもできますし、開業医に転職することもできます。

夕張市から学べること

多くの自治体は財政難に陥っており、自治体立病院は経営難に追い込まれています。しかし市立病院の閉鎖を市長が言い出したり市議会が議題に上げると、必ずと言っていいほど地域住民の病院存続運動が起こります。

場合によっては、市民病院の閉鎖や民間移譲を決断した市長がリコールされてしまいます。市長の首を飛ばしたところで、病院が経営難から脱却できるわけではありません。

高齢化・過疎化が進み、財政難は深刻化し、その地域自体が崩壊寸前になっているのに、地域の医療だけ存続させることはできません。実際に財政難によって市民病院が閉鎖してしまった事例があります。

夕張市は深刻な財政難により、２００７年に事実上財政破綻しました。１７１床あった市立病院は閉鎖され、代わりに19床の有床クリニックと40床の介護老人保健施設が設置されました。市立病院の閉鎖直前に入院していた患者は、他市への転院を余儀なくされました。

現在、夕張市内に救急病院はありません。市内にＣＴ・ＭＲＩは１台もありません。救急車が病院に到着するのにかかる時間はかつては30分台でしたが、現在は隣接する市の病院まで60分以上かかります。

さぞや夕張市では助かる命も助からず、住民は困り果て、不安にさいなまれている、と想像されるかもしれません。ところが実は、全くそんなことはありません。

病院がなくなっても、夕張市の死亡率に変化はありませんでした。診療所の医師は肺炎球菌ワクチンや口腔ケアを導入し、高齢者の肺炎死を減少させました。

訪問診療を開始し、介護を充実させました。病院はなくても、訪問診療が住民と医師との距離を縮めました。市内に病院がないので必然的に病院死はなくなり、施設や在宅での看取りに移行しました。

多くの住民は最期まで自宅で過ごすようになりました。病院がなくなっても市民は幸せに暮らしているといいます[2]。

夕張市は近未来の日本全体の縮図ではないでしょうか。

多くの地方の産業は衰退し、高齢化が進み、財政難に陥っています。医療インフラの維持が大きな負担となっています。

夕張市は財政破綻のために、医療インフラを切り捨てざるを得なくなりました。ところが案外に、病院がなくなっても人々は健康で幸せです。病院が人々の健康の拠り所ではなかったのです。

2 医療の質評価と情報公開

医療の質評価

▼病院の口コミ情報はあてにならない

一般に、市場で取引される財・サービスは探索財・経験財・信頼財に分類されます。

探索財とは、購入に先だって探索・品質評価が可能な財です。例えば、衣服は購入する前に試着できます。書籍は書店で購入する前に立ち読みできます。

経験財とは、実際に消費して初めて品質評価が可能な財です。掃除機は耐久経験財、外食は

2 森田洋之『破綻からの奇蹟～いま夕張市民から学ぶこと～』南日本ヘルスリサーチラボ、2015年。

非耐久経験財です。経験財は、その信用や評判が需要に影響します。ラーメン屋の口コミは参考になるかもしれないし、ならないかもしれません。ラーメン好きの人々は人気ラーメン店にこぞって参集し行列を作ります。彼らにとっては空腹が最高のスパイスというより、行列が最高のスパイスなのでしょう。とはいえ食べ物の評価は個人の嗜好に強く依存するから、他人の評価はあてにならず、結局自分で食べてみないとわかりません。

信頼財は、消費した後でも品質評価が難しい財です。弁護士やコンサルティング会社が提供するサービスの真の価値は、専門性が高いため一般消費者には評価できません。弁護士やコンサルタントを信頼して任せるしかありません。

医師が提供する医療サービスは、経験財的な要素もありますが、ほぼ信頼財です。医療サービスの真の価値とは言うまでもなく、病をいやし、生命・生活の質を向上させることです。ところが、医療の品質を消費者が事前にも事後にも評価することはほとんど不可能といってよいでしょう。

ラーメン屋の口コミサイトよろしく、病院にも口コミサイトがあります。いったい病院の口コミが何の役に立つのでしょうか?

サイトに書かれる頻出のコメントは、「病院食がおいしい」と「病院のトイレがきれい」、つまり摂食と排泄に関することです。

次に「受付事務の応対が良い」と「医師が丁寧に説明してくれる」、つまり接遇に関することです。

さてこれらは医療そのものではなく、医療の付帯サービスです。消費者（患者）は医療そのものを評価できないから、付帯サービスを評価するしかないのです。

人々が病院の口コミサイトを見て人気の病院に参集することは考えにくいのですが、万一そんなことになったら大変です。

ラーメン屋の行列に並ぶことはラーメンのスパイスになっても、病院の行列に並ぶことはイライラの元でしかないのですから。

▼医療の質をどう評価するか？

付帯サービスではない、肝心な医療そのものの質をどうやって評価するかといえば、これがなかなか一筋縄ではいきません。

米国医学研究所（Institute of Medicine）の定義によれば、「医療の質」とは、「個人および集団に対する診療行為が望まれた健康状態をもたらす確率を上げ、かつ、最新の専門知識と合致する度合い」をいいます。

もう少し平たく言うと、「質の高い医療」とは、的確なタイミングで適切な診療行為が行われる医療を意味します。過不足のない検査、最新の科学的根拠に基づく治療が行われる医療です。

ドナベディアンは、医療サービスを「構造」「プロセス」「アウトカム」の3つの軸で評価することを提唱しました。これをドナベディアン・モデルといいます[3]。

医療の「構造」を評価する要素には、医療設備が整っていることや医療従事者数が充実していることなどが挙げられます。

医療の「プロセス」とは、実際に行われた検査や治療の過程です。「アウトカム」とは結果や成果という意味で、患者の死亡率、生存期間、身体機能の改善や生活の質（QOL）の向上などが含まれます。

医療には様々な側面があり、定量化できるものはそのごく一部です。そのごく一部の定量化された指標を、医療の質指標（QI：Quality Indicator）といいます。医療の質指標をもって医療全体の質を語ることはできません。医療の質指標の限界をあらかじめ認識しておく必要があります。

様々な医療の質指標が考案されているものの、それらはまだ研究段階、または試験運用の段階にあります。

筆者らの研究グループは、医療機関の構造に関するデータを統合し、高度な医療サービスを提供する病院を評点化するtechnology indexという指標を開発しました[4]。

また、「プロセス」「アウトカム」に関する様々な質指標も世界中で考案されています。例えば、急性心筋梗塞に関する医療の「プロセス」「アウトカム」に関する質指標には以下のようなものがあります。

(1)急性心筋梗塞の患者で病院到着から冠動脈カテーテル治療開始までの所要時間が90分以内の患者の割合
(2)急性心筋梗塞患者における病院到着後24時間以内のアスピリン処方率
(3)急性心筋梗塞患者における病院到着後24時間以内のβ遮断薬処方率
(4)左室機能が悪い急性心筋梗塞患者へのＡＣＥＩ／ＡＲＢ退院時処方率
(5)冠動脈カテーテル治療後24時間以内の院内死亡率

さて、このような複雑な指標について、医療の専門家でなければその意味を理解することは難しいでしょう。こうした指標に関する情報を病院間でシェアすることは意味がありますが、一般に公開してもほとんど役に立ちません。

実際、カナダで行われた研究では、冠動脈バイパス手術の安全性に関する質指標の情報を病

3 Donabedian A. Evaluating the quality of medical care. *Milbank Memorial Fund Quarterly* 1966 ; 44 : 166-203.
4 森田 光治良、康永 秀生、山名 隼人、野田 龍也、今村 知明「Technology indexを用いた病院機能の総合評価」『病院』2016 ; 75 (7) : 527-533

院間で共有すると、各病院が医療の質の改善に取り組み、冠動脈バイパス手術の全体の死亡率が低下したことが明らかにされました。
しかしその情報を一般に公開しても何も変わらなかったといいます[5]。

医療機関の情報をどこまで公開すべきか？

▼医療機関の情報公開の現状

一般論としては、情報公開は重要です。しかし、不正確な情報がインターネットなどで発信され、それを患者が見て右往左往する現状よりは、専門家が分析した正確な情報が発信されるほうが好ましいと言えるでしょう。

医療関係者向けと一般向けとでは、公開すべき情報の内容や範囲は異なって当然です。医療関係者向けの情報を「翻訳」し、一般の方々にもわかる内容に改変しなければなりません。

日本では医療情報の公開が遅れているとよく言われます。しかし、病院の医療の質に関する情報は、すでに様々な形で公開されています。

厚生労働省が主体となって、「医療機能情報提供制度（医療情報ネット）」「DPC導入の影響評価に関する調査」「NDBオープンデータ」などが公開されています。

現状、公開されている病院単位の質指標は、構造とプロセスに関する指標が主体です。アウトカムに関する指標は、不用意に公表するとかえって患者や国民に害をもたらすことがあるので、あまり公開されていません。

①厚生労働省・医療機能情報提供制度（医療情報ネット）

(http://www.mhlw.go.jp/stf/seisakunitsuite/bunya/kenkou_iryou/iryou/teikyouseido/)

この制度は平成18年に導入されました。病院に対し、主に構造・プロセスに関する情報について都道府県知事への報告を義務づけるとともに、都道府県知事がそれらの情報を住民・患者に対して提供する制度です。

各病院のホームページに公開されている情報の内容が病院ごとに異なっていたため、共通のフォーマットで報告するように義務づけたものです。

ここに含まれる情報は、診療科目・診療日・診療時間などの基本情報、院内の設備・環境、提供する医療の体制、対応可能な疾患・治療内容などです。

5　Guru V, et al. Public versus private institutional performance reporting : what is mandatory for quality improvement? *AHJ* 2006 ; 152 : 573-578.

②ＤＰＣ導入の影響評価に関する調査

(http://www.mhlw.go.jp/stf/seisakunitsuite/bunya/0000049343.html)

日本全国千数百のＤＰＣ病院と呼ばれる比較的大きな病院における、病院別疾患別の件数と平均在院日数を公表しています。新聞や週刊誌に書かれている「病院ランキング」の類の情報が網羅されています。

③ＮＤＢオープンデータ

(http://www.mhlw.go.jp/stf/seisakunitsuite/bunya/0000177221.html)

厚生労働省は２００９年より「レセプト情報・特定健診等情報データベース（ＮＤＢ）」を構築しました。レセプトとは、全国の病院・クリニックに患者が受診した際の診療履歴データです。

特定健診とは、いわゆるメタボ検診です。これらの全国規模のデータが厚生労働省に集積され、世界有数の大規模なデータベースとなっています。

ＮＤＢオープンデータは、このデータベースを集計したデータであり、日本の医療の実態やメタボ健診の結果を国民に示した統計資料です。

▼手術件数が多い病院ほど治療成績は良い？

一般に、手術件数の多い病院や医師ほど、手術成績は良好と言われます。外科医が難しい手術を実施するには数年ないし十数年にわたる修練が必要です。

外科医により個人差はあるものの、手術経験が増えていくにしたがって技術は安定してきます。同じ手術であっても、経験の乏しい外科医に比べて経験豊富な外科医の方が手術時間も短く出血量も少なく手術を終えることができます。それらは患者のアウトカムに影響するかもしれません。

手術件数とアウトカムの関連については、アメリカで2000年以降、多くの研究が蓄積されてきました。

2002年と2003年に立て続けに、世界で最も権威のある臨床医学ジャーナルであるニューイングランド・ジャーナル・オブ・メディスンに、手術件数と死亡率の関連に関する2編の論文が出版されました。[6]

2002年の論文は病院ごとの手術件数と術後死亡率の関連性、2003年の論文は外科医ごとの手術件数と術後死亡率の関連性についての研究です。いずれの研究も、手術件数の多い

6 Birkmeyer JD, et al. Hospital volume and surgical mortality in the United States. *N Engl J Med*. 2002 ; 346 : 1128-1137.
Birkmeyer JD, et al. Surgeon volume and operative mortality in the United States. *N Engl J Med*. 2003 ; 349 : 2117-2127.

病院や外科医ほど術後死亡率は低くなる傾向が示されました。

当然といえば当然の結果です。例えば、冠動脈バイパス術を年間５００例実施している病院と、年間20例しか実施していない病院では、前者の方が技術は優れており、手術成績もよくなることは想像に難くありません。

日本の研究も多数あります。筆者らの研究グループは、日本における病院ごとの手術件数と手術成績の関連を調べた論文を多数発表してきました[7]。

日本でも、手術件数の多い施設ほど手術成績がよくなる傾向が、どの手術でもほぼ一貫して認められます。しかし、それはあくまで全体の傾向を示しているに過ぎず、個々の病院については必ずしもあてはまるとは限りません。

▼病院ランキングの意義

アメリカでは、病院ごとの年間手術件数を公表することが徹底されてきました。それによって、手術症例数の少ない病院から多い病院への患者の移動を促す施策も進められました。

日本でも、厚生労働省が全国のＤＰＣ病院ごとの手術件数を一般向けに公開しています。また、いくつかのメディアがそうした情報を掲載したいわゆる「病院ランキング」本を売っています。

病院ランキングが何の役に立つのでしょうか？

病院ランキングを公開することによって、国全体として患者の健康レベルを向上させることができるでしょうか？

答えはノーです。

カナダにおける研究によれば、冠動脈バイパス術に関する施設別データを一般公開しても、全体の死亡率は全く変わりませんでした[8]。

では、例えばランキング1位の病院を選択した患者のほうが、10位の病院を選択した患者よりも高い健康レベルを獲得できるでしょうか？

これも答えはノーです。

日本全体でみれば病院ごとの治療件数とアウトカムに関連はあります。しかし、ランキング上位に掲載される病院はすべて優良病院であり、それらの病院間ではあまり差はありません。「病院ランキング」は、どこの病院に行けばどんな治療を受けられるかを示すカタログとしては有用です。わざわざ東京にあるランキング1位の病院を選ばなくても、ランキングに載って

---

7 Yasunaga H, et al. Relationship between hospital volume and operative mortality for liver resection. *Hepatol Res* 2012 ; 42 : 1073-1080.
Otake H, et al. Impact of hospital volume on chest tube duration, length of stay, and mortality after lobectomy. *Ann Thorac Surg* 2011 ; 92 : 1069-1074.

8 Guru V, et al. Public versus private institutional performance reporting : what is mandatory for quality improvement? *AHJ* 2006 ; 152 : 573-578.

	ある年			次の年		
	手術件数	手術後死亡数	手術後死亡率	手術件数	手術後死亡数	手術後死亡率
A病院	300	16	5.4%	100	0	0.0%
B病院	250	8	3.2%	350	24	6.9%
C病院	200	10	5.0%	300	30	10.0%
計	750	34	4.6%	750	54	7.2%

いる自宅に近い病院を選べばよいでしょう。

▼死亡率を公開すべきではない理由

以下のお話はフィクションです。しかし、現実に起こってもおかしくない、十分にありえるお話です。

ある難度の高い手術が、ある地域ではA・B・C3つの病院で実施されています。A病院は、ある年のその手術の手術件数が3つの病院の中で1位でした。しかしA病院は、手術後死亡率が3つの病院で最も高くなっていました。

政府はその次の年から、「手術後死亡率」で病院を評価し、「手術後死亡率」が高い病院はその手術をやめることを勧告するという方針を決定しました。

そこでA病院は、ある戦略によって次の年に手術後死亡率0%を実現しました。A病院がとった戦略とは、いったいどんなものだったのでしょうか？

A病院の手術件数は、ある年の300件から、次の年は100件に激減し、死亡率は5.4%から0%に激減しました。A病院で減少した手術患者数は近隣のB病院・C病院に半分ずつ分散され、B病院・C病院の手術件数は増えま

	A病院			B病院			C病院		
	手術件数	死亡数	死亡率	手術件数	死亡数	死亡率	手術件数	死亡数	死亡率
ある年の総数	300	16	5.4%	250	8	3.2%	200	10	5.0%
低リスク群	100	0	0%	200	0	0%	150	0	0%
高リスク群	200	16	8.0%	50	8	16.0%	50	10	20.0%
次の年の総数	100	0	0%	350	24	6.9%	300	30	10.0%
低リスク群	100	0	0%	200	0	0%	150	0	0%
高リスク群	0	—	—	150	24	16.0%	150	30	20.0%

した。

なぜかB病院・C病院の死亡率は増加しました。しかも驚くべきことに、ある年と次の年を比較して、3病院の合計手術件数750件は変わらないのに、死亡率は4.6%から7.2%に上昇しました。これはいったいどういうことでしょうか？

各病院における患者の情報を詳細に調べて、患者を低リスク群と高リスク群に分類しました。そして、手術件数と死亡数・死亡率を、低リスク群と高リスク群に分けて示したのが、上の表です。低リスク群の死亡率はどこの病院でも0%です。

ある年の高リスク群の死亡率は、A病院が8%、B病院が16%、C病院が20%であり、A、B、Cの順に低くなっています。ある年のA病院の死亡率が高かった原因は、高リスク群を多数受け入れていたためです。高リスク群の数が少なかったB・C病院の死亡率は、見かけ上、A病院よりも低くなっていたのです。

次の年にA病院がとった戦略とは、高リスク群の受け入れを停止したことです。そのために高リスク群患者はB・C病院に流れたのです。もともとA病院より高リスク群の死亡率が高いB・C病院での高リスク群の手術件数が増えたため、全体の死亡数が増加してしまったのです。

見かけ上の手術成績を上げる一番手っ取り早い方法は、リスクの高い患者を避けることです。死亡率の公表は、リスクの高い患者の受入拒否や危険度の高い手術の回避など、医療の提供に悪影響を及ぼす可能性があります。

死亡率の公開がいかに無意味かつ有害か、ご理解いただけたでしょうか?

死亡率を自主的にホームページなどで公表している病院は少なくありません。もし「死亡率0%」という表記を見つけたら、疑ってかかったほうがよいでしょう。医療にゼロ・リスクはあり得ありません。その病院は、リスクの高い患者の受入拒否や危険度の高い手術の回避を行っている可能性があります。

医療機関間で治療のアウトカムに格差があれば、その大部分は患者のリスクの違いによるものです。患者のリスクを考慮しないで、単純集計されたアウトカムのデータだけで評価し、それに基づき方針を決めてしまうと、結局損をするのは患者です。

▼医療情報公開のあり方

医療に関する情報は複雑かつ解釈困難です。では何の情報も与えるべきではないかといえば、そうではありません。情報の不存在自体が患者の不安を喚起します。医療機関の構造とプロセスの情報は提供されるべきです。

しかしそれは「病院の実力」を示すものではなく、「利用できるサービスのメニュー」を提示するものに過ぎません。

アウトカムの情報を医療機関単位で公開することは有害無益です。それを公開しないことを、情報秘匿と捉えるのは全く失当です。患者のためを思えばこそ、患者をミスリードする情報は公開できません。

ましてや公開情報の解釈を患者の自己責任に委ねることは、患者にとって酷です。

病院が情報を伝える相手方は患者だけとは限りません。情報公開の相手先はむしろかかりつけ医です。各病院が公開する自施設の構造とプロセスの情報を最大限利用できる主体は、紹介元の開業医です。

彼らがふだんからそうした情報を収集し整理できていれば、かかりつけの患者にとって有用な情報のみを取捨選択し提供することができます。

第8章

医師が無駄な医療を誘発する？

1 市場の失敗

若きY医師の悩み

T病院に勤めるY医師。今日は週1回の夜間救急外来の当直日です。当直業務に就くやいなや、S事務長から当直室に電話がかかってきました。

「先生、今日は空きベッドがたくさんあります。救急外来に着た患者をなるべく入院させてもらえますか？」

Y医師はわが耳を疑いました。

（ベッドが空いていようと、入院の必要がない患者を入院させるのはいかがなものか？）

その思いを口に出すのを何とかこらえて返事しました。

「はいはい、わかりました。」

自家用車で家族に連れられて来院した90歳の女性。夕食後に気分が悪くなって吐いたといいます。家族はずいぶん心配そうです。

Y医師は型通りに診察を行います。意識は清明。身体所見は特に異常なし。血液検査もX線写真にも異常はなし。入院の必要は無く、外来での経過観察で十分、と判断しました。診察・検査結果を説明し、吐き気止めの薬を処方して帰ってもらいました。

事務長のご意向を忖度（そんたく）すれば、入院させてもよかったかな、と内心思いつつ。

結局その日、夜中に救急車が数台来たものの軽症ばかりだったので、1人も入院させることはなく一夜が明けました。

市場の失敗とは

市場という漢字は「いちば」とも「しじょう」とも読みます。「いちば」は多くの人々が物を売り買いする場所です。それに対して「しじょう」は、場所という具体性はなくなり、需要と供給、価格と競争といった、世の中全体の物やサービスの取引を指します。

市場で取引される物やサービスを総称して、財といいます。

市場原理とは、市場が持つ様々な財の需要と供給の不均衡を自動的に調整する機能です。すべての人々の市場への入退場が自由で、多数の取引相手がいて、流通している財はすべて同質で、財に関する情報が完全に得られる、などの条件をすべて満たす仮想的な市場を、完全競争市場といいます。

仮想的であって、実際にそんな市場は存在しません。現実にある市場はどれも多少とも不完全です。経済学では、仮想的な完全競争市場を想定し、現実にある個々の市場がそれとどれくらいかけ離れているかを議論します。

特に医療サービス市場は、完全競争市場とはかなりかけ離れています。医療サービスという財が、一般の財と比較してかなり特殊な性格を持っているからです。

一般の財、例えばパソコンを購入するケースを考えてみましょう。パソコン市場は生産者が多くいて、市場への入退場は自由です。各生産者は高品質・低価格のパソコンの開発競争にしのぎを削っています。パソコンが売れずに損失を計上すれば、市場から退場を余儀なくされます。消費者も多数います。パソコンの品質や価格に関する情報はほぼ完全に得られます。

しかし消費者全員がその情報を完全に理解できる能力（リテラシー）を備えているわけではありません。たいていは、複数ある製品のラインアップから、基本的機能・デザインと価格を勘案して購入の意思決定を行います。

パソコンと比較して、医療サービスの特殊性を考えてみましょう。説明をわかりやすくするため、ある人が突然に具合が悪くなり救急病院にかかるケースを想定します。この場合、病院で急病の治療を受けて治療費を支払うことが、「医療サービスを購入する」ことに該当します。パソコンは欲しくて買うものです。しかし医療サービスは、欲しくて買うものではありません。

パソコンを買うタイミングは自分で選べますが、医療サービスを購入するタイミングは選べません。医療サービスの需要はたいてい急に発生し、いつ発生するか予測もできません。

これを医療サービス需要の不確実性といいます。パソコンを買うときのように、医療サービスの品質や価格を吟味した上で購入することは、おおよそ不可能です。

パソコンに関する情報に比べて、医療サービスに関する情報は複雑であり、その理解には専門的な知識を要します。仮に十分な情報が得られるとしても、その情報に対するリテラシーをほとんどの患者は備えていません。医療サービスの消費者である患者よりも、生産者である医療従事者のほうが、医療に関する知識を圧倒的に多く持っています。

これを医療における「情報の非対称性」といいます。

医療の不確実性と情報の非対称性ゆえに、医療サービスは「市場の失敗」を引き起こしやすいと言われます。

2 医師誘発需要とは

医師誘発需要の定義

消費者と供給者の間に「情報の非対称性」が存在する場合、すなわち、供給者のほうにサービスに関する情報や知識が偏在する場合、供給者が自らの利得を目的として消費者に不必要なサービス利用を促し需要を喚起することを「供給者誘発需要」といいます。

患者と医師の間に情報の非対称性が存在する場合、医師が自らの利得を目的として、患者に不必要なサービス利用を促し需要を喚起することを「医師誘発需要」といいます。

この医師誘発需要に関しては、様々な誤解があります。ある医療サービスの需要が医師誘発需要であるというためには、①医師が自らの利得を目的とし、②不必要なサービスを供給する、という2つの要件がそろっていなければなりません。

また、医師誘発需要を論じるときに、個別の事例にとらわれることは全く意味がありません。ごく一部の、特定の悪徳医師を槍玉に挙げるのはよいとして、それがあたかも医療全体にまかり通っているかのように論じることは、経済学的にはほとんど無意味です。

医療全体として医師誘発需要がもしあるならば、医療サービスの需要全体のどの程度を占めていて、それを是正することで医療費を抑えられるかどうか検討することが、医療経済学の役割です。

医師誘発需要を考える場合に、国ごとの医療制度の違いを考慮しなければなりません。医師誘発需要がもっとも活発に研究されてきたのはアメリカです。

アメリカでは入院患者の医療費は、病院に支払われる入院料（hospital fee）と医師に直接支払われる報酬（doctor fee）に分けられています。そのため、「個人としての医師」による誘発需要が検証の対象となります。

同じ議論が、日本の勤務医には全く当てはまりません。

日本の病院では、診療報酬はすべて病院に支払われます。勤務医はサラリーマンです。したがって、日本の勤務医に、自らの利得を目的として患者に不必要なサービス利用を促す、というようなインセンティブ（動機）は存在しません。

日本では、医師誘発需要における「医師」とは勤務医ではなく、病院の経営者、またはクリニックの経営者（＝開業医）です。

冒頭のY医師のケースで考えてみましょう。Y医師は勤務医であって、自らの利得を目的とした不必要なサービスを供給する、などという考えは全く持っていません。

しかし病院の経営者である事務長は、病院の売り上げのことを考えます。そこで、医師に空きベッドを埋めるように依頼します。

しかしたいていの勤務医は、病院の売り上げのことなど我関せずです。医学部の6年間で、そのような教育を受けていないからです。医学部では、目の前の患者を救うための医術を教育されます。医療の必要のない患者に医療サービスを提供すること自体、医師の倫理に反することであって、そんなことをやるつもりはありません。

筆者自身、医学部卒業後の数年間、勤務医として病院で働いていました。その頃、日本の医療経済学のパイオニアである漆博雄先生の著書『医療経済学』を読み、初めて「医師誘発需要」という言葉を知りました。そのときの正直な印象は、「医師誘発需要などあるはずがない。勤務医には関係ない話だ」というものでした。

しかし、勤務医が経営者の意向を受けて、医師誘発需要を発生させてしまう余地が全くないわけではありません。患者を入院させるかどうか、判断に迷うケースがあります。そのような場合、「空きベッドを埋めろ」という経営者の意向を忖度（そんたく）して、その患者を入院させてしまうかもしれません。

医師誘発需要はどの程度存在するか？

医師誘発需要なるものが存在するとしても、それは医療サービスの需要全体のどの程度を占めるのでしょうか？

医師誘発需要は医療経済学における重要な研究テーマの1つであり、1970年代からずっと研究され続けてきました。しかし、はっきりとした医師誘発需要の存在は、依然として証明されていません。

そのため「医師誘発需要仮説」と呼ばれています。「仮説」とは、まだ証明されていない説、という意味です。

実は医師誘発需要の存在を立証することはかなり困難です。医師による医師誘発需要と「患者自律的需要」を識別することが困難であるからです。医師による誘発誘発ではなく、患者が自ら希望して医療を受ける場合が多いのです。

単に患者の受診履歴や医療費のデータを見ても、医師誘発需要なのか、患者自律的需要なのか区別がつきません。医師の内心、患者の心の中までデータには記載されていません。

子供の軽微な頭部打撲に対して、親が「CT検査をやってください」とわざわざ頼むことがあります。医学的には無意味であっても、親を安心させるために、頭部CTを撮影することがあります。患者自律的需要です。

しかし、日本の外来医療費は出来高払いです。つまりCTを撮影すれば医療機関の収入になります。もしも外来診療が包括支払いまたは人頭払いだったら、CTを撮影するでしょうか？出来高払いだから経営者の意向を忖度して、CTを撮影する心理的ハードルが下がっているのではないでしょうか？そう考えると、これは医師誘発需要ではないとも言い切れません。

医療過疎地域に医師が赴きクリニックを開設すれば、住民たちはクリニックを訪れます。これは医師誘発需要ではありません。

心臓外科手術を執刀できる医師が１人しかいなかった地域に、２人目の心臓外科執刀医が赴任した結果、その地域での心臓外科手術件数が増えました。これも医師誘発需要とは言えません。

どちらも、もともとニーズも需要もあるのに供給が追いついていなかっただけです。

医師誘発需要に関する研究が進むにつれて、医師の行動以外の要因によって、あたかも需要が誘発されたかのように見えてしまうことが明らかとなってきました。

例えば、人口当たり医師数の多い地域のほうが、患者の受診にかかる時間コストが低いため、受診回数が増えます。また、人口当たり医師数の多い地域のほうが、より品質の高い医療サービスが提供され、遠隔地の患者も引き寄せます。いずれも患者自律的需要です。

過去の医療経済研究で医師誘発需要ありとされたケースの多くが、上記のような医師以外の要因について十分に考慮されていませんでした。

近年のより精緻な分析を行っている医療経済研究では、「医師誘発需要はあってもわずか」または「ほぼゼロ」という研究結果が多く示されています。

医師誘発需要はあるとしてもごくわずか、つまり国民医療費全体への影響もごくわずかです。

医療サービス内容を徹底的に監視して、誘発需要を起こしている医師を見つけ出して経済制裁を加えようなどという政策は、医療費の抑制にあまり役立たないばかりか、その政策自体に非常にコストがかかると考えられます。

したがってそのような政策自体が無駄です。

アメリカは高齢者と低所得者を除き公定医療保険制度がなく、人々は民間の医療保険を購入します。保険会社は医師と契約し、医師が提供する医療サービスに制限をかけます。治療内容を事細かにチェックし、医療費が高い場合は被保険者（＝患者）への保険金支払いを拒否したり、医師に対しては契約を打ち切るといった措置をとります。

こうした保険会社による査定は、多くの場合、医学的な根拠を欠いています。しかも治療内容のチェック自体に膨大なコストがかかり、そのコストは被保険者が支払う保険料に転嫁されています。

結局のところ、民間保険会社の支払いカットと利益アップにはつながっていますが、国民の負担は増加しています。このようなアメリカの医療保険制度に、日本が学ぶべき部分はほとんどないと言っていいでしょう。

第9章

規制緩和のメリット・デメリット

1 規制とは

国や自治体は、民間の経済活動に対して様々な規制を課しています。規制には、「経済的規制」と「社会的規制」があります。

経済的規制とは、特定産業・企業の育成や衰退産業の保護などを目的とした参入規制や価格規制などを指します。社会的規制とは、消費者や労働者の安全、市民の健康の確保、環境保全、災害防止、文化財保護、などの目的により行われる規制です。

一般に、「規制緩和」というときの規制は、経済的規制を指しています。かつて国民の生活水準が低かった時代には、政府が基幹産業に資源を集中するほうが国民生活の向上にとって効率的でした。しかし国民の所得水準が上がり、生活面での多様性を求めるようになってきました。

また、経済不況が長期化し、従来の規制に縛られた産業構造における様々な限界も指摘されています。そうなると、政府の規制に基づく資源配分よりも、市場による配分のほうが優位性を持つ可能性があります。

そこで、経済的規制を緩和し、参入規制や価格規制を撤廃して、企業間の競争によるサービスの多様化や価格の低下を図ることにより、国民生活の向上を図る「規制緩和」がここ数十年にわたって議論され、一部は実行に移されてきました。

規制緩和を推進する立場と慎重な立場の議論はいまだに続いています。

規制緩和を推進する立場は、経済活動は自由であり、原則として政府が介入すべきではない、とする思想に基づいています。市場原理に基づく効率的な配分が最も合理的であって、経済的規制は原則廃止という立場です。

最も急進的な規制改革推進論者は、経済的規制だけでなく、社会的規制も見直し、不必要な規制を撤廃することで「規制のコスト」を軽減できる、としています。

一方、規制緩和に慎重な立場は、市場原理の効率性を認めつつ、「市場の失敗」を重視します。不平等や格差の助長、安全性の低下など、「規制緩和の副作用」が予見しうる場合は、規制を維持ないし場合によっては強化すべき、という立場です。

2 医療分野の規制

医療分野の規制の根拠

医療に対する規制の多くは社会的規制であり、規制の第一の目的は医療サービスの安全確保です。医療を市場原理に任せると、アクセスの平等などの衡平性が担保されないばかりか、市場の失敗により効率性すら担保されません。

日本での医療の規制を実施する根拠法には、医師法・医療法・医薬品医療機器法（薬機法）・健康保険法など様々なものがあります（図表9－1）。

医薬品・医療機器の承認制度

医薬品医療機器法（薬機法）に基づく、医薬品・医療機器の有効性と安全性の確保を目的とした規制です。患者の生命に直結する医薬品・医療機器は、とりわけ安全性に関する厳格な規

図表9-1　医療分野の規制とその根拠

	規制の根拠［根拠法］
医薬品・医療機器の承認制度	医薬品・医療機器の有効性・安全性確保［薬機法］
広告規制	不適切な患者誘導を抑制［薬機法、医療法など］
免許制度	医療従事者の質の担保［医師法など］
施設基準	医療施設の質の担保［医療法］
診療報酬制度	医療サービス価格の安定［健康保険法など］
公的医療保険の強制加入	所得格差によるアクセスの不平等を抑制［健康保険法など］
病床規制	病床数の過剰・地域偏在の抑制［医療法］
混合診療禁止	所得格差によるアクセスの不平等を抑制［健康保険法など］
株式会社の参入規制	営利目的の排除［医療法］

制が必要です。厚生労働省は、過去の度重なる薬害事件の反省から、規制をたびたび強化し続けてきました。

典型的な社会的規制であり、根本的に必要です。とはいえ、規制の強化と安全性向上の程度は必ずしも比例しません。無駄に厳しい規制強化は、安全性向上に寄与しないばかりか、手続きの煩雑化や承認期間延長などの「規制のコスト」を増大させるおそれもあります。

広告規制

「がんに効く」と称する民間療法は、ほぼ100％マユツバです。「がんに効く」かどうかは、臨床試験をはじめとする厳密な臨床研究をしない限り、客観的・科学的な根拠は得られません。根拠なく効能効果を謳った誇大広告は薬機法などで厳しく規制されています。違反すれば刑事罰もあります。

医療機関の広告は、医療法で規制されています。たいていの患者は医療に関する詳しい知識を持たず、医療従事者との間に「情報の非対称性」があります。

患者は医療従事者が提供する広告の内容を、事前にも事後にも評価できません。これが医療機関の広告規制の根拠と言われます。しかし近年は、医療の情報公開という観点から、医療機関の広告規制は緩和されています。

なお、医療機関のホームページにおける記載は、広告には当たりません。なぜならホームページはグーグルなどの検索エンジンを用いて消費者が能動的に情報にアクセスするものであり、テレビ広告のように否が応でも見せつけられる受動的な情報伝達の態様とは異なるからです。

「株式会社の参入規制」と「混合診療禁止」

2000年代の小泉純一郎政権下、「聖域なき構造改革」「岩盤規制の撤廃」というフレーズとともに、医療の規制緩和の対象として挙げられたのが、「株式会社の参入規制」と「混合診療禁止」です。

規制緩和の推進派は政府の規制改革会議、反対派は厚生労働省と日本医師会という構図でした。両者の議論は終始平行線をたどりました。

客観的にみれば後者の唱える意見のほうが正論で、結局のところ正論のほうが通って、これらの規制が緩和されることはほとんどなく、株式会社の新規参入も混合診療解禁もほぼ実現されませんでした。

医師免許制度

医師法に基づき、医療行為は医師の業務独占とされています。医師でなければ医療行為を行ってはなりません。違反すれば刑事罰もあります。

どこの国でも医師は人気の職種です。日本でも医学部入学のハードルは高くなっています。入学後はまずリベラル・アーツを学び、次に医学・医術を叩き込まれます。学ぶべき知識量は膨大です。医療の倫理も教え込まれます。

厳しい鍛錬を全うした者だけが医学部を卒業し、医師国家試験に合格してはじめて医師免許を与えられます。

ミルトン・フリードマンというアメリカの経済学者は、医師免許制度を否定しました。フリードマンはノーベル経済学賞の受賞者であり、「新自由主義の旗手」と言われました。アメリカのレーガン政権が推進した経済政策、いわゆる「レーガノミクス」の理論的支柱でもありました。

フリードマンは徹底した規制撤廃論者でした。その著書『資本主義と自由』の中で、左記のような規制をすべて撤廃すべきと主張しました。

1. 農産物の買い取り保証価格制度
2. 輸入制限・輸入関税
3. 最低賃金制度
4. 物価統制、家賃統制
5. 社会保障制度
6. 職業免許制度
7. 公営の郵便事業
8. 公営の有料道路

特に「社会保障制度」「職業免許制度」すら撤廃すべきという、驚くほど極端な持論を展開しています。

実際、社会保障制度がない先進国はありませんし、医師免許をはじめとする職業免許制度がない先進国も存在しません。

ところが、『資本主義と自由』に書かれてある、「医師免許は不要である」という彼の巧みな言い回しを読むと、だまされそうになってしまいます。

「こうした免許制を法制化するときのお決まりの言い分は、公共の利益を守るためだという。（中略）そして免許の審査にも、ほぼ必ず当の職業に就いている人が加わっている。彼らの言い分はこうだ。たいていの人は、自分の召使いすら賢く選べない。たとえば、良い医者を見分けるには医学の心得がなければならないが、ほとんどの人はそうではないのだから、医者の選択にかけては無能力だ。したがって、無能力のせいで被害に遭わないように政府が守ってやらなければいけない」

「医師の資格を国家試験で認定し、合格者はそれを表示できるが、無資格の医師が診療することも自由。ちょっとしたかぜぐらいなら低料金の無資格医師に診てもらえばよい。外科手術などは有資格医師にやってもらえばよい」

これに対し、医師免許制度がなければ、質の悪い自称医者の誤診や誤治療で、取り返しのつかない結果になる、という批判が当然のように起こりうるでしょう。

しかし、フリードマンは以下のように再批判して見せます。

「誤診・誤治療は、免許をもつ医師でも珍しくない。損害賠償などのルールを厳格にすることで、そのリスクはカバーできる。医師免許制度は、まず何よりも、医者が同業者の数を制限す

1 Milton Friedman. *Capitalism and Freedom* 1962.（村井章子訳『資本主義と自由』日経ＢＰ社、２００８年）

るための重要な手段となっている。

アメリカ医師会は、アメリカの職業別組合の中でおそらくいちばん力が強い組織である。そして職業別組合で力が強いとは、その職業に従事できる人の数を制限できるということだ。その職業の技術水準にこだわるあまり、一流の技術を持つ者しか認めるべきではないと言いたくなるのはわかるが、しかしこれでは、そのために一部の人が医療を受けられなくてもやむを得ないと言っているのと同じことである。

医療の平均的な質というものがもしあるとしたら、それは、実際に行われた医療の質を平均しただけでは得られない。それでは、死ななかった人だけを対象に治療効果を判断するのと同じである。質を考えるときは、参入制限の結果『行われなかった医療』が増えたことも考慮しなければならない。

アメリカの医療費は世界一高い。最大の原因は、アメリカ医師会による参入障壁である。医療費が高いために貧困層が医療から締め出されている。

医師資格を自由化すれば、リスク（＝質の悪い医者による質の低い医療）よりも、メリット（＝無治療放置の患者が治療の機会を得る）のほうが大きい。」

だまされてはなりません。「行われなかった医療」があるのならば、皆保険制度を導入して、貧しい人でも医療にアクセスできるようにすればいいだけの話です。

フリードマンは社会保障制度全般を撤廃せよ、と言っているぐらいだから、皆保険制度導入など口が裂けても言えません。そこで牽強付会《けんきょうふかい》にも、「行われなかった医療」の責任をアメリカ医師会になすりつけようとしているのです。

これは問題のすりかえであり、倫理観を感じることはできません。

第10章

医師は足りてる？ 足りてない？

1 「医師不足」問題の実態

医師は増え続けている

世の中に犯罪や法律上のトラブルが全くなければ、弁護士も検察官も裁判官も要りません。幸いなことに私はこれまで、弁護士に直接ご厄介になるような犯罪被害や民事上のトラブルに巻き込まれたことはありません。検察官や裁判官には会ったこともありません。

国民がみな健康で、病気にならないとすれば、医師など要りません。しかし現実には、人はみな病気にかかります。生まれてこの方、医師のご厄介になったことが一度もない人はいないでしょう。

国全体で病気にかかる人々が増えれば、医療の必要性も増します。そこで医師の数を増やさないと、病気の人々の治療を十分にできません。医療サービスの質も低下します。

また、医療技術が進歩すれば、これまで治療の対象とならなかった患者にも有効な治療を施すことができます。しかし、それを行う医師をさらに増やさなければ、有効な治療を患者に届けることができません。

2000年ぐらいから、日本では医師不足が言われ続けています。しかし、医師の総数は年々増え続けています。2008年に大学医学部の定員が大幅に増員されたため、医師の総数はさらに増え続けるでしょう。

にもかかわらず、病院に勤める勤務医たちは多忙であり、彼らはいつも「手が足りない」と感じています。統計データが示す表面上の「医師の充足」と、現場で感じられている「医師不足感」とのギャップの原因は、いったいどこにあるのでしょうか。

医療の様々な問題は、経済学的には、資源配分の歪みの問題です。「医師不足」問題も資源配分の歪みの問題です。医師の需要と供給のミスマッチ問題ともいえます。

厚生労働省は2年に1回、「医師調査」を実施しています。すべての医師を対象に、主たる業務内容（勤務医や開業医など）、従事先の所在地、診療科名、専門医の取得状況などを調査し、集計結果を公表しています。

図表10-1　人口及び医師数の動向

年	医師数（人）	総人口（千人）	総人口千人対医師数	65歳以上人口（千人）	65歳以上人口比率	65歳以上人口千人対医師数
2000	255,792	126,926	2.0	22,041	17.4%	11.6
2002	262,687	127,435	2.1	23,628	18.5%	11.1
2004	270,371	127,687	2.1	24,876	19.5%	10.9
2006	277,927	127,770	2.2	26,604	20.8%	10.4
2008	286,699	127,692	2.2	28,216	22.1%	10.2
2010	295,049	128,057	2.3	29,484	23.0%	10.0
2012	303,268	127,515	2.4	30,793	24.1%	9.8
2014	311,205	127,083	2.4	33,000	26.0%	9.4

（出典）厚生労働省「医師・歯科医師・薬剤師調査」

図表10－1に示す通り、日本の医師数は増え続けており、２０１４年の時点で総医師数は31万人を超えました。日本の総人口は微増を続けていましたが、２０１２年以降減少に転じました。今後人口は減り続けるので、人口千人当たり医師数は増加し続けるはずです。

このままだと医師数は過剰になるのでしょうか？

答えはそう単純ではありません。

ここで注意しなければならないのは、近年の人口が１億２０００万人台でほぼ横ばいといっても、その年齢構成は大きく変化していることです。

出生率が低い水準を維持しているとともに、平均寿命が年々延長しています。**図表10－1**に示す通り、65歳以上人口も、総人口に占める65歳以上人口比率も増え続けています。

医療を最も必要とする年齢層は乳幼児と高齢者です。

つまり、たいていの人々は人生の始まりと終わりに最も医療を必要とします。近年、乳幼児の総数に大きな変動はなく、高齢者が急激に増加しています。

図表10-2　医療サービス供給量の動向

	1996	2005	2014
病院の1日平均外来患者数	2,214,476	1,607,849	1,372,114
病院の1日平均退院患者数	32,314	38,673	42,222
全身麻酔手術（／月）	128,086	167,744	226,928
がん手術（／月）	30,605	36,569	56,143
消化管内視鏡による治療（／月）	22,693	41,669	73,610

出典：厚生労働省「医療施設調査」

したがって、近年の医療ニーズの増分の多くは高齢者に対するものです。

図表10－1の中の「65歳以上人口千人対医師数」を見てみましょう。この指標は一般にはあまり用いられておらず、筆者が独自に示す指標です。「総人口千人対医師数」は年々増加しているとはいえ、「65歳以上人口千人対医師数」は年々減少しています。医療を必要とする高齢者が増えて、相対的に医師の手が足りなくなっていることがうかがえます。

医療サービス供給の増加

図表10－2は、病院で行われる医療サービスに関する統計データです。1996年から2014年の間に、日本全国の病院の外来患者数は約0.6倍に減少しました（ここには示していませんが、クリニックにかかる外来患者数は増加しました）。

一方、退院患者数は約1.3倍に増加しています。全身麻酔手術件数、がん手術件数ともに約1.8倍に増加し、消化管内視鏡による治療に至っては約3.2倍に急増しました。

がん手術が1.8倍に増えたのは、日本に住む人々ががんにかかる割合が1.8

倍に増えたせいではありません。

消化管内視鏡による治療が3.2倍に増えたのは、日本に住む人々が食道がん・胃がん・大腸がん・大腸ポリープなどにかかる割合が3.2倍に増えたせいではありません。

病気にかかる確率（＝罹患率）がそんなに急激に上昇することはありません。

手術や内視鏡治療が増えた原因は、医療技術の進歩に他なりません。診断技術の進歩によって、がんはより早期に発見されるようになりました。そのせいで早期治療が可能となり、治療の対象となる患者が増えたのです。

それればかりではありません。治療技術も進歩し、低侵襲の治療が可能となりました。「低侵襲」とは、手術のために切開する創を小さくし、切除する範囲も小さくして、身体への負担を軽減することです。これにより、高齢者にも安全に手術が可能となりました。

医療ニーズの増加は、高齢化そのものの影響よりもむしろ、医療技術の進歩の影響が大きいのです。

産科は「医師不足」問題の中心にあります。医師調査によれば、産科医師数は少しですが増えています。

ところが出生数（生まれる子どもの数）は年々減っています。２０１６年の出生数は97万6９７９人であり、はじめて１００万人を割り込みました。

産科医１人当たりの分娩数は微減しています。しかし、だからと言って産科医の負担は全く

図表10-3　出産に占める帝王切開手術の割合の年次推移

年	病院（%）	クリニック（%）
1990	11.2	8.3
2002	17.9	11.9
2014	24.8	13.6

出典：厚生労働省「医療施設調査」

軽減されていません。

産科の「医師不足感」は依然として深刻です。

近年、晩婚化などの影響で女性の出産年齢が高くなっています。体外受精など生殖補助医療技術の進歩によって、高齢女性の妊娠・出産の成功率も上がっています。これらの結果、高齢妊娠・出産が増加しています。高齢妊娠では、流産・早産、胎児の染色体異常、妊婦の合併症などのリスクが高くなり、帝王切開手術が必要となる確率も高くなります。

図表10－3に示す通り、病院でもクリニックでも、出産に占める帝王切開手術の割合は増加の一途をたどっています。

病院における全出産に占める帝王切開手術の割合は2014年には24・8%に増加しています。病院はクリニックよりもハイリスクの妊婦の割合が高く、病院における分娩の実に4分の1は帝王切開です。

病院配置の非効率

日本の医師不足感は、医療の進歩による医療サービス供給の増加だけに起因するものではありません。病院の数の多さと配置の非効率性も一因となっています。

日本には約1億2000万人の人口に対して約8000の病院があり、その多くは中小病院です。これだけ多数の病院に医師が分散しています。

小児科を例にとると、1病院当たり小児科医師数が、日本はイギリスの10分の1しかいません。小児科医が1人しかいない病院も多数あります。

法律上、病院は医師が24時間365日常駐していることを義務づけられています。夜間や休日も医師の当直業務が発生します。

医師数の少ない病院は、その少ない医師たちで夜間休日の診療を回さなければなりません。あるいはバイトの医師を雇うこともあります。

仮に、人口規模や年齢構成などがほぼ等しい地域Aと地域Bを想定します。地域Aにも地域Bにも勤務医が27人いるとします。地域Aは大きな病院が1つだけあり、27人はすべてその病院で勤務しています。

一方、地域Bは病院が3つもあり、27人の医師たちは9人ずつ分散しているとします。地域Bのような状況では、医師の労働の非効率が生じます。医師たちは、平日夜間の当直および土日の日直・当直を交代で回さなければなりません。当直・日直それぞれ半日を1コマとすると全部で9コマあります。

地域Aでは、1つの病院で9コマのそれぞれを医師3名ずつで回すことにしています。27人の医師たちは、1人当たり週1コマの夜間当直または休日勤務です。地域Bでは、3つの病院すべて、9コマの日当直を毎回医師1人で回すことにしています。各医師は1人当たり週1コマの夜間当直または休日勤務となります。

地域Aの病院は医師3人当直、地域Bは医師1人当直。当たり前のことですが、3人の医師がいるほうが互いに協力し合ったり相談し合ったりして、仕事の質を上げることができます。1人の目で診断するより、3人の目で確認したほうが良いことが多いです。

1人の医師だと、ある患者の処置で手が塞がっているときに、別の患者が来てもすぐに対応できません。1人当直はリスクが大きく、医師は緊張を強いられます。こういった状況が勤務医の「医師不足感」を生んでいます。

仮に特定の診療科について医療機関の集約化を行った場合、患者にとっては医療機関へのアクセスは悪くなることが考えられます。

筆者らの研究グループは、仮に日本の産科医療を集約化した場合の患者のアクセスへの影響についてシミュレーション分析を行いました[1]。

2011年の時点で、日本に住む妊娠可能年齢（15－49歳）女性の95％は、全国1075の

1 Koike S, et al. The effect of concentrating obstetrics services in fewer hospitals on patient access : a simulation. *International Journal of Health Geographics* 2016 ; 15 (1) : 4.

産科を持つ病院のいずれかに、車で30分以内で到達できる場所に住んでいました。また、全国約400施設の周産期母子医療センターのいずれかに、車で30分以内に到達できる場所に住んでいる女性の割合は82・7％でした。

周産期母子医療センターとは産科と新生児科の両方がある高度な医療施設であり、ハイリスク分娩の症例を受け入れる周産期医療の拠点です。

仮にすべてのハイリスク症例を周産期母子医療センターに集約した場合、約1割の症例が自宅から車で30分以内には病院にたどり着けなくなります。

しかしすべてのハイリスク症例が、体制の整った施設で、より安全性の高い周産期医療サービスを受けられます。アクセスは多少制限されても、質の高い医療が提供できれば、日本全体としては患者のアウトカムの向上につながると考えられます。

2 「医師不足」問題の歴史的経緯

医学部定員の変遷

明治大正期に医学部を設置した大学は、旧七帝国大（東大、京大、九大、東北大、北大、阪

図表10-4　医学部医学科の定員

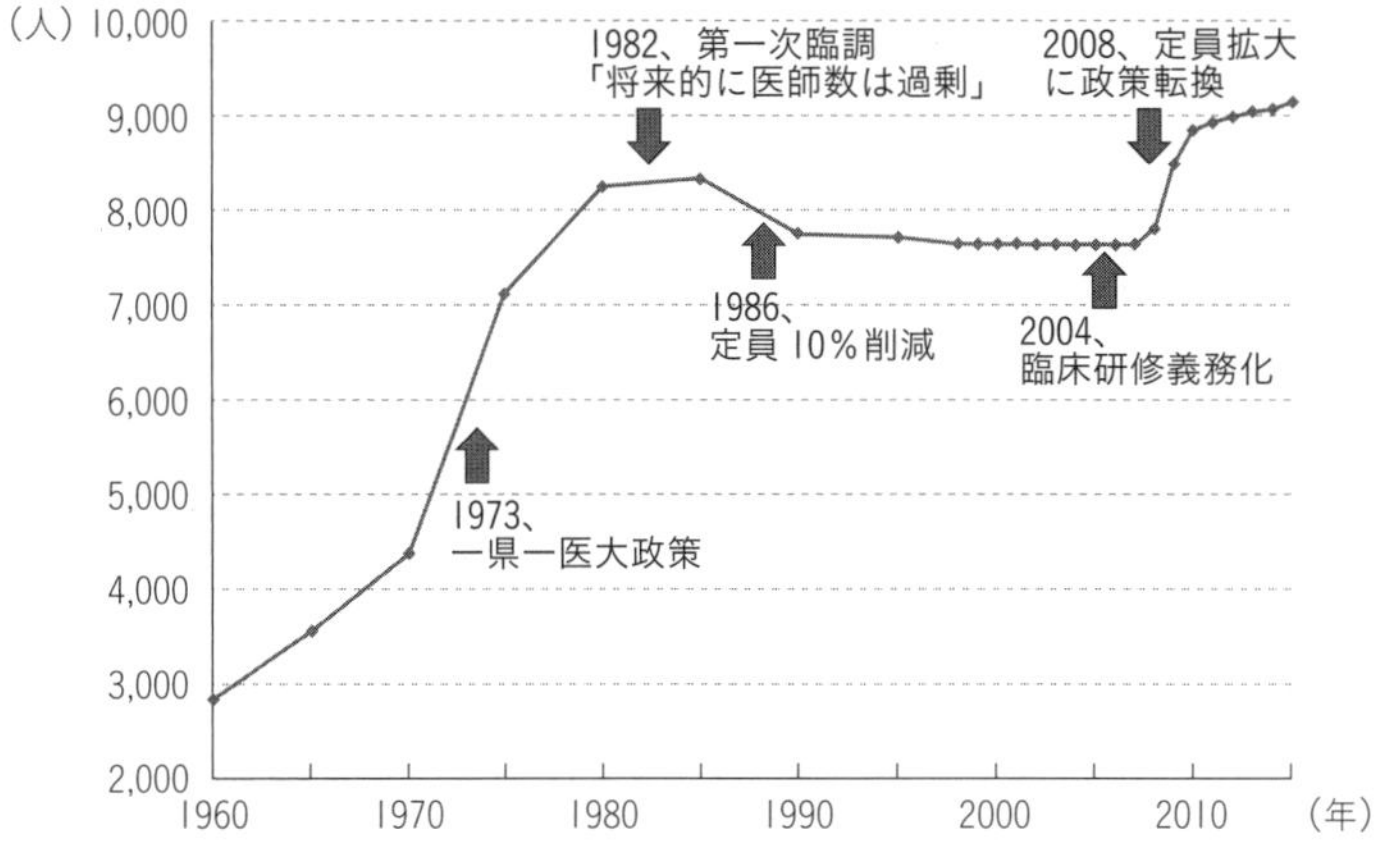

大、名大）、旧六医科大（新潟大、岡山大、千葉大、金沢大、長崎大、熊本大）など17大学です。

終戦直後に医学部が多数新設され、昭和25年までに新たに29大学が加わり、あわせて46大学となりました。１９７０年代に「一県一医大政策」が推し進められ、34の新設医大が加わり、その結果、１９８０年には医学部定員が年間８０００人を超えました。

第二次臨時行政調査会は１９８２年の「行政改革に関する第３次答申」の中で、「医療従事者について、将来の需給バランスを見通しつつ、適切な養成に努める」と提言しました。

これが医師数抑制策の発端となりました。１９８６年に医学部定員は７％削減され、その後約20年間、医学部定員は８０００人弱でずっと固定され続けました。

その間、高齢者人口は増加し続け、医療は進歩し続け、医療のニーズは増加し続けました。２００８年になってようやく政府は政策転換を行い、ついに医学部定員を拡大しました。現在、医学部定員は約９０００人となっています。

医師の必要数の推計

なぜ政府は２００８年に政策を転換したのでしょうか？ その背景を知る前に、そもそも医師の必要数はどのように推計されてきたか、概略を説明しましょう。

医療サービスの「ニーズ」とは、人々が可能な限り健康でいる、あるいは健康な状態になるために必要とされる医療サービス量です。現在の医学的知見に基づいて専門家が判断します。[2]

これに対し、医療サービスの「需要」とは、消費者（＝患者や国民）が欲しいと考える医療サービスの量です。ニーズと需要は異なります。需要がニーズを下回ることもあれば、逆に上回ることもあります。

医学の専門家の立場から見れば、がん検診は高いニーズがあります。しかし実際には多くの国民ががん検診を受診しません。つまりがん検診の需要はニーズを大きく下回っています。かぜで医療機関に受診するニーズはあまりありません。しかしそれを上回る需要があります。

日本だけでなく多くの先進国では、政府や専門職団体が医療サービスのニーズに関するデータに基づいて、将来必要となる医師数を推計し、それに沿って医師を計画的に養成してきました。しかし、ニーズの正確な計測は難しく、そのため将来必要となる医師数を正確に推計することも困難です。

それどころか、その推計値が正確であったかどうか、事後的に検証することすら困難です。とはいえ、政府は入手可能な情報から何らかの方法で推計を行い、具体的な政策につなげなければなりません。

日本で行われた必要医師数の将来推計の一例を紹介しましょう。厚生労働省「医師の需給に関する検討会」が1998年に報告した推計方法です。

必要医師数＝（将来人口×受診率）／医師Ⅰ人当たり患者数【入院外来別】

供給医師数＝医学部入学定員数×合格率×労働量【男女別】

1998年当時、この推計式を用いて、2010年の必要医師数は27万人、供給医師数は28・9万人、したがって供給過剰となる、と一応は結論付けられました。その後も様々な推計方法が試みられてはいます。

しかし結局のところ、推計の前提となる「医師1人当たり患者数」は医療の進歩に影響を受けるため、その将来予測は難しいのです。

2 Feldstein PJ. *Health Care Economics*. Delmar Cengage Learning ; 7 edition.

いずれにせよ、不確かな推計データをもとに、１９８６年から約20年間は大学医学部の定員がずっと固定されました。しかしその間、医療の進歩だけでなく、メディアの医療に関する報道内容の変化も顕著でした。それらが相まって、医療現場の「医師不足感」は次第に高まっていったのです。

全く別のアプローチとして、２０１０年に厚生労働省は「病院等の必要医師実態調査」を実施しました。全国の病院にアンケートを行い、「病院にとって必要な医師数」と「実際に確保している医師数」を聞いたのです。そしてその差分を「医師不足数」とし、約２万４千人という数字をはじき出しました。

言うまでもなく、このような調査方法には問題があります。病院にとって必要な医師数を病院に聞けば、お手盛りで必要以上の数字を報告する病院があったかもしれません。

メディアによる医療報道の変化

メディアが報じる医療記事の内容には経時的なトレンドがあります。１９９０年代の終わりごろから「医療事故」に関する記事が増えはじめ、２０００年をピークにしばらくその傾向が続きました。この頃はまさにメディアによる医療バッシングの時期です。

図表10－5は、読売・朝日・毎日・日経・産経の５大紙に報じられた「医療事故」と「医師

図表10-5　「医療事故」と「医師不足」に関する新聞記事数の変遷

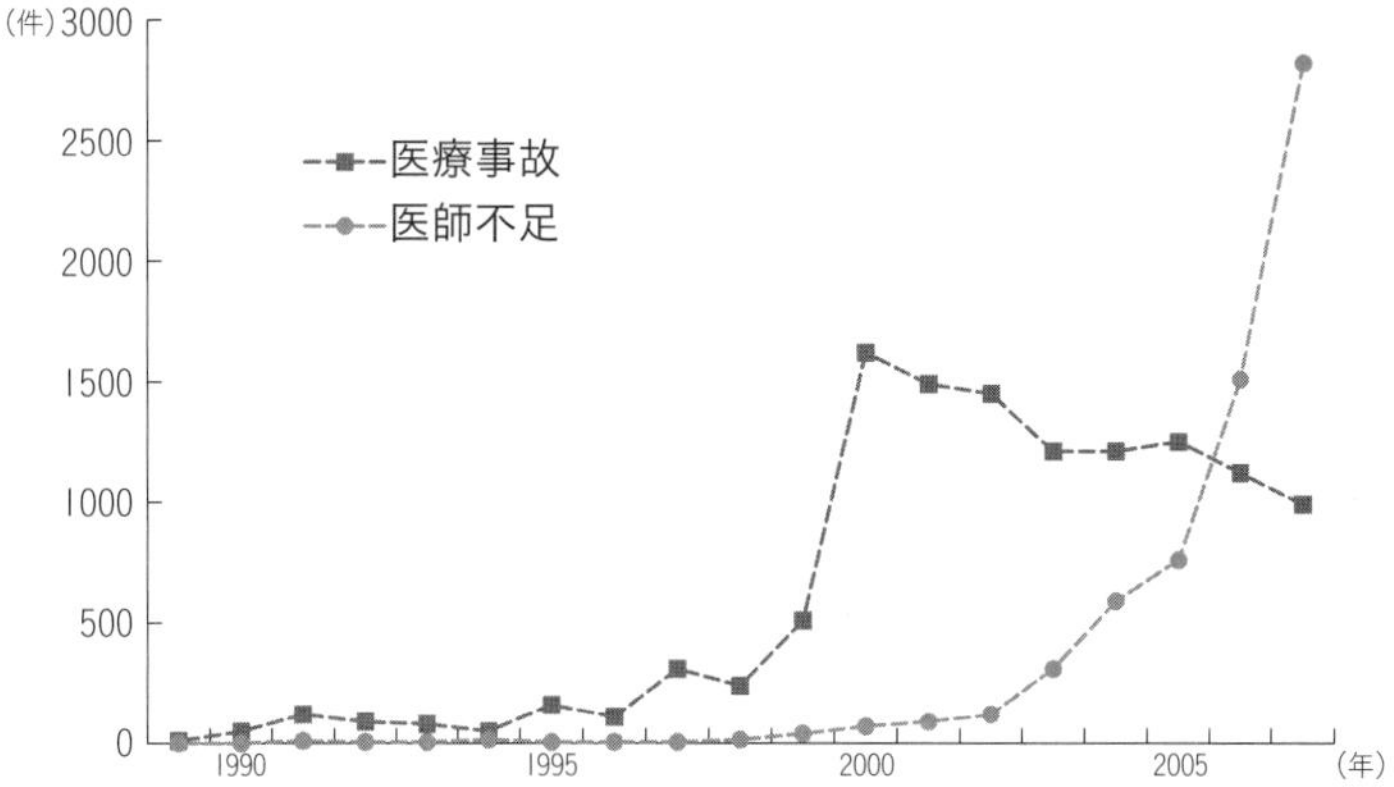

不足」をキーワードとする新聞記事の合計数の年次推移です。

１９９９年から２０００年にかけて「医療事故」関連記事が急増しているのには明白な理由があります。１９９９年２月に、東京の広尾病院で、58歳の女性に看護師が誤って消毒液を注射し、女性が死亡するという事件が起こりました。

そして１９９９年６月には、横浜市立大学病院で74歳の心臓弁膜症の患者と84歳の肺がんの患者が取り違えられ、前者に肺部分切除手術、後者には心臓手術が行われるという、にわかには信じがたい事件が発生しました。

これらの事件報道が、医療機関に冷水を浴びせ、医療安全対策の抜本的な改革を促したという点では、良い面があったと言えなくもありません。

しかし、取り返しのつかない副作用ももたらしました。国民の過剰なまでの医療不信と、医療現場への警察の介入が始まったのです。

2002年には東京慈恵会医科大学青戸病院で60歳の男性が前立腺がん手術中の大量出血で死亡しました。この事件では手術を担当した3人の医師たちが業務上過失致死の疑いで警察に逮捕されました。

医療関係者の間では、医療に警察が介入することに対する強い批判もありました。前述の都立広尾病院事件と横浜市立大学事件は、医療者側の明らかな過失です。しかし青戸病院事件は、過失の判定が困難な手術合併症に関する事案であり、民事事件として取り扱われるべき内容です。

警察は民事不介入であるはずです。

しかしその時点でまだメディアはこの警察介入の異様さに気が付かず、医療側に対して批判的でした。患者を死なせた医師は逮捕されて当然である、との論調が優勢を占めていました。

その一方で、「医師不足」をキーワードとする新聞記事も2003年以降に増え始めました。潮目が一気に変わったのは、2006年2月に明らかとなった大野病院事件です。帝王切開手術で妊婦を死亡させたとして、38歳の産科医が業務上過失致死の疑いで福島県警に逮捕され、福島地検も起訴してしまったのです。

これに対し、産婦人科の2つの学会（日本産科婦人科学会、日本産婦人科医会）が同年3月10日に声明を発表しました[3]。

「はじめに、本件の手術で亡くなられた方、および遺族の方々に謹んで哀悼の意を表します」

とした上で、「個人が刑事責任を問われるに至ったことはきわめて残念」としました。

さらに「本件は、癒着胎盤という、術前診断がきわめて難しく、治療の難度が最も高い事例であり、高次医療施設においても対応がきわめて困難であります。また本件は、全国的な産婦人科医不足という現在の医療体制の問題点に深く根ざしており、献身的に、過重な負担に耐えてきた医師個人の責任を追及するにはそぐわない部分があります。」としています。

そして同年5月にも両学会は、「結果の重大性のみに基づいて刑事責任が問われることになるのであれば、今後、外科系医療の場において必要な外科的治療を回避する動きを招来しかねないことを強く危惧するものであります」という強いメッセージを発しました。

その後、産婦人科の学会だけでなく、医療界全体がこの事件における警察の対応に疑問を投げかけたのです。

実際、この事件が医療に与えたダメージは深刻でした。多くの産科施設がリスクのある分娩を回避するようになり、産科医療の崩壊が危惧されました。

この事件を境目に、メディアの「医療事故」報道は次第にトーンダウンしていきました。産婦人科の学会が鳴らした警鐘にまるで同調するかのように、「医療事故の問題の根っこには医師不足があり、医師は過重な負担に耐えている」という論調が生まれました。

3　http://www.jsog.or.jp/news/html/announce_10MAR2006.html

「医療バッシングや警察の介入がかえって医療現場の疲弊を招き、医療崩壊につながりかねない」という論調も出始めました。1人の医師を犯罪者扱いすることが、医療を崩壊させることにつながりうることを、メディアも一般の人々もようやく気づいたのです。

この事件は結局、2008年8月に福島地裁で無罪判決がなされました。

新聞報道だけでなく、「医療崩壊」「医師不足」をタイトルにした論説や書籍も2000年後半以降に増加しました。識者や現場の医師も声をそろえて「医療崩壊」「医師不足」を訴えたのです。

2008年当時の厚生労働大臣は舛添要一氏でした。メディアがこぞって「医療崩壊」「医師不足」を大合唱する中、舛添大臣の下で厚生労働省は「安心と希望の医療確保ビジョン」を作成し、医学部定員拡大の方針を打ち出したのです。

思うに、厚生労働省が長年行ってきた必要医師数の将来推計は、信頼性も妥当性もありませんでした。2008年の定員拡大の意思決定には、データによる根拠に基づくものではなく、メディアの動向に敏感な政治家による判断が大きく影響しました。政治とは往々にしてそういうものです。

3　医師の地域偏在

医師の都道府県別分布

２０１４年時点の日本の人口10万人当たり医師数は２３３・６人です。都道府県別で見ると、実はなぜか西高東低です。

最も多い都道府県は京都（３０７・９人）、次いで東京（３０４・５人）です。３位以下は徳島（３０３・３人）、高知（２９３・０人）、福岡（２９２・９人）、鳥取（２８９・６人）、岡山（２８７・８人）、長崎（２８７・８人）、和歌山（２７７・５人）、熊本（２７５・３人）となっています。

東京を除いて、トップ10に入る府県はすべて西日本です。

最も少ないのは埼玉（１５２・８人）、次いで茨城（１６９・６人）、千葉（１８２・９人）です。徳島・高知・鳥取・和歌山は人口が少ないので相対的に「人口当たり医師数」は多くなり、埼玉・千葉はその逆です。

確実に言えることは、東北各県の人口当たり医師数が少ないことです。宮城（２２１・２人）、福島（１８８・７人）、青森（１９３・３人）、岩手（１９２・０人）、山形（２１５・０人）、秋田（２１６・３人）と軒並み平均以下です。宮城と京都、福島と岡山、青森・岩手・

図表10-6　人口規模別・自治体数および人口10万人当たり医師数の比較

人口規模（人）	自治体数	人口10万人当たり医師数（人）		
		1980年	1990年	増加分
<5,000	629	48	53	5
5,000-10,000	898	50	56	6
10,000-30,000	1023	61	77	16
30,000-50,000	259	85	114	29
50,000-100,000	230	90	120	30
100,000-300,000	153	109	143	34
300,000<	76	139	164	25

山形と長崎、秋田と和歌山はそれぞれ同程度の人口規模であるのに、東北各県の人口当たり医師数は少なくなっています。

医師総数と地域偏在の関係

医師の総数を増やしても、医師の地域偏在は解消できません。そんなことはすでに四半世紀前に明らかになっています。

「一県一医大」政策により、1980年代に医師数は急増加しました。1980年と1990年の医師の地域分布を比較すると、増加した医師数の多くは都市部に流れ、地方の医師数の増加にはつながりませんでした（図表10-6）。

単に医師の養成数を増やすだけでは地方の医師不足の解消にはつながらず、かえって都市部と地方の医師分布の格差を助長しただけでした[4]。

医師の数が地域によって偏る理由

経済学の考え方に沿えば、労働の需要と供給は賃金の水準によって決定されます。病院は、病床などの「資本」と医師・看護師などの「労働」を投入し、医療サービスを生産します。病院は、医師の労働市場から勤務医を調達してこなければなりません。この場合、医師は労働の供給者、病院は労働の需要者です。

「医師不足」は実際には「勤務医不足」です。勤務医の需要が供給を上回っている状態です。勤務医の賃金が低いと、勤務医から開業医へのシフトが発生し、病院への勤務医の供給が減少します。そこで病院は賃金を上昇させ、供給の増加を図ります。

それがうまくいけば勤務医不足は解消されるはずである、と経済学的には説明されます。賃金を上昇させるだけの支払い能力のない病院は勤務医の雇用をあきらめる、と考えます。

しかし、このような理論上の話は、現実の世界では起きていません。2001年から2006年の間に医師不足は深刻でしたが、勤務医の賃金はむしろ減少していました[5]。

勤務医の労働市場では、需要側（病院）が独占的な構造を持つ「買い手独占」が起こってい

---

4 Kobayashi Y, Takaki H. Geographic distribution of physicians in Japan. *Lancet* 1992 ; 340 : 1391-1393.

5 吉田あつし『日本の医療のなにが問題か』エヌティティ出版、2009年。

ることが原因であると考えられます。

売り手である勤務医が地域を限定したり病院を限定したりすると、多数の供給者（勤務医）と少数の需要者（病院）となり、一部の病院が低い価格で勤務医を雇用できることになります。

では、なぜ勤務医は地域を限定したり病院を限定するのでしょうか。

2010年に報告された研修医を対象としたアンケート調査によれば、研修医が将来の診療地域を選択する際に影響を受ける要因として、「協力し合える医師が身近にいるか」「子供の教育環境」「自分のライフ・スタイル」「配偶者の意向」が上位を占め、「自分の出身地」はその次に位置します。「収入」や「研究が行えるか」は下位でした[6]。

都市部のほうが、協力し合える医師が身近にいて、子供の教育環境もよいといえます。医師が都市部に集中する理由はそこにあります。

もちろん地方であっても、症例数が多く、指導医もいて、技術習得が図れる病院には若手の医師が集まってきます。

しかし、症例数も乏しく指導医も不在でスキルアップを期待できないような地方の病院には、たとえ賃金が高くても行きたくないと医師は考える傾向があります。

医師の居住・移転の自由

医師の地域偏在を緩和するために、医師を強制的に地方に勤務させる法律を制定する、などという政策案は実現可能性ゼロです。

憲法22条に居住・移転の自由が謳われています。かつて厚生労働省が、「医師が開業するためには一定期間の地方での勤務経験を必要とする」という要件を設けようとしたところ、内閣法制局が憲法違反の可能性があるとしてストップをかけたことがあります。

ところで裁判官や検察官に地域偏在はありません。裁判官や検察官は、地方裁判所や地方検察庁への任官を義務づけられています。彼らは国家公務員です。

憲法15条に「すべて公務員は、全体の奉仕者であって、一部の奉仕者ではない」と書かれてあります。公務員の存在を前提に憲法秩序は構成されており、憲法は公務員を一般国民とは違う存在として認めているから、公務員は一定の人権制約を受けます。居住・移転の自由も制限されます。

地方に行くのがいやなら、そもそも裁判官や検察官にならず弁護士になればよいのです。実際、弁護士は都市に偏り、地方の弁護士は不足しているそうです。

6　武田裕子、他「医師偏在の背景因子に関する調査研究第1報」『日本医事新報』2010。

医師の都道府県地域枠

都市部の出身者が地方の病院に赴くインセンティブは低いかもしれません。しかし地方出身者が地元の病院に就職するマインドは比較的高いでしょう。

実際、自治医科大学卒業生の進路に関する追跡調査結果によれば、都市部出身者に比べて地方出身者の方が地方での就職率が約2倍高くなっていました[7]。

そうした理由から、地方大学医学部における「都道府県地域枠」が設けられました。「地域医療等に従事する明確な意思をもった学生」の選抜枠です。

定員の一部を、地元出身の学生を受け入れる「地域枠」に割り当てます。受験者を大学が立地する地域の高校出身者に限定し、入学した学生には奨学金を貸与します。貸与額は月10～15万円であり、医学部の6年間で概ね1200万円前後です。

学生は卒業して医師免許を取得後、一定期間（6～9年）地元の医療機関で医師としての仕事に従事すれば奨学金の返還を免除されます。

奨学金の見返りに、卒業後の勤務地を当該地域に限定するものです。しかしこれは強制ではありません。奨学金を返還するならば、地元に残らず他の地域に移動できます。

この地域枠を導入する大学は増え続けており、2016年時点で71大学1617人に上りました。

4　医師のタスクシフティング

医師の業務の一部を移行するタスクシフティングとは

地方の医師不足問題を解消するために、地域枠は有効である可能性があります。しかしそれだけでは、日本全体の医師不足問題の解消にはつながりません。

それ以外にもうひとつ、医師数をこれ以上増やすことなく、医師不足感を解消する可能性のある手立てはあります。それが医師のタスクシフティングです。

医師が行ってきた業務の一部を他の職種に移行することです。

医療の進歩によって、医師が行うべき医療行為の範囲は大幅に広がっています。診断も治療方法も十年一昔前とは格段に進歩しています。

医学部の6年間で教わるべき医学の知識の量も増え続けています。卒後臨床研修でも教わるべき知識・技能は増えています。病気の診断や複雑で高度な技術を要する治療は医師しか行えません。

7　Matsumoto M, et al. Characteristics of medical students with rural origin : Implications for selective admission policies. *Health Policy* 2008 ; 87 : 194-202.

しかし簡単な処置や小手術は医師でなくても可能です。

多くの国では医師のタスクシフティングを行っています。従来医師が行ってきた診療行為のうち、技術的な安全性が確立されており、それほど高い知識や技術がなくても一定の研修を行えばできる業務の一部を、看護師・臨床工学技士など他の職種に任せています。

また、多くの国では、書類作成などの事務作業は医療秘書に任せています。

例えば医師は、患者の請求に基づいて、民間保険会社に提出する書類など様々な書類を作成しなければなりません。

多くの書類は、医師でなくとも医療秘書がカルテを参照しながら書けます。医師は内容を確認してサインするだけでよいのです。医師のサインがあることで記載内容の責任は医師が負います。

アメリカにおける医師補助職

医師のタスクシフティングが最も進んでいる国はアメリカです。

アメリカには、ナース・プラクティショナー（nurse practitioner）という、医師と看護師の中間的な職種があります。

ナース・プラクティショナーは、医師よりも低い報酬で、処方を行ったり一定の医療行為を行えます。注射はもちろん、切り傷を針糸で縫う程度の外科処置も可能です。

アメリカのある研究によると、ナース・プラクティショナーがアメリカ全体で行った往診の件数は２０１３年には１００万件を超え、医師による往診件数と同じぐらいでした。高齢者の在宅医療への需要はアメリカでも増大しており、その多くをナース・プラクティショナーが担っていく可能性があります[8]。

さらに、アメリカにはフィジシャン・アシスタント（physician assistant）という職種があります。医師と看護師の中間に位置する職種であり、独立した国家資格です。医師ほどではないですが高学歴であり高収入であるため、全米の人気職種の上位に位置しています。

仕事の内容は多岐にわたります。心臓外科フィジシャン・アシスタントは、まさにミニドクターです。心臓外科医が執刀する手術の助手として手術チームに入ります。

冠動脈バイパス手術では大伏在静脈（足の静脈）を採取して心臓の血管に縫いつなげることがあるのですが、フィジシャン・アシスタントが大伏在静脈の採取を行えます。心臓に縫いつなげるのは執刀医の役割です。

それ以外にも、フィジシャン・アシスタントは手術後の管理や処置も行うことができます。

8　Yao NA, et al. Increasing role of nurse practitioners in house call programs. *Journal of the American Geriatrics Society*. 2017; 65（4）: 847-852.

薬を新規に処方するのは医師の役割ですが、同じ処方内容を繰り返し処方する場合はフィジシャン・アシスタントが処方箋を発行できます。

日本でタスクシフティングは進むのか

日本でもフィジシャン・アシスタントを導入すべきとの意見は少なくありません．少し古いですが、日本胸部外科学会による「2007年胸部外科医処遇アンケート調査」によれば、日本の心臓血管外科医の72％がフィジシャン・アシスタント導入を希望または条件付きで希望しています。

筆者らは2010年に、フィジシャン・アシスタント導入に関して全国の大学病院に勤務する医師・看護師・薬剤師・臨床工学技士（計2605名）を対象とした大規模な調査を実施しました[9]。

フィジシャン・アシスタント導入について賛成の割合は、医師が65・3％、看護師が50・1％、薬剤師が59・0％、臨床工学技士が68・4％であり、いずれの職種も50％を超えました。

特記すべきは、臨床工学技士の7割近くが賛成であった点です．ちなみに臨床工学技士は国家資格であり、医師の指示の下に、生命維持管理装置（人工呼吸器、人工透析器、人工心肺装置など）の操作および保守点検を行います。

救急や集中治療における一部の医療行為については、フィジシャン・アシスタントが実施可能とすべきという意見が比較的多くみられました。

他方、フィジシャン・アシスタントが手術の助手を行うことについて、医師は賛成が過半数を超えたものの、非医師はより消極的でした。

アメリカ型のフィジシャン・アシスタントは日本ではあまり受け入れられないと考えられ、日本の医療の実情や医療現場のニーズに即した、日本型フィジシャン・アシスタントの導入の検討が必要と考えられます。

日本での医師のタスクシフティングの議論は２０１０年以降いろいろ紆余曲折あったものの、２０１５年に「特定看護師」という制度が新たに導入されました。

この制度によって、看護師が「特定行為研修」という一定の研修を受けることにより、「特定行為」と呼ばれる38の医療行為が実施可能となりました。

特定行為の中身は、人工呼吸器や人工透析器などの操作、薬剤の投与量の調整、体に挿入されている様々な管の抜去など、従来は医師のみが可能とされていた医療行為のごく一部です。救急・集中治療の現場で働く看護師のうち、特に意欲のある者向けです。

これまで日本には公に認められていなかった医療従事者間のタスクシフティングを、制度と

9　康永秀生、他「日本型 Physician Assistant 導入に関する全国大学病院アンケート調査」『病院』2010；69（8）：619-622

して具現化したことには大きな意義があります。しかし現状は特定行為の中身がかなり限定されています。

また、特定看護師そのものが独立した国家資格ではなく看護師の業務拡大という位置づけです。特定看護師の身分や待遇が従来の看護師並みであれば、特定看護師になるインセンティブはさほど大きくなく、その人口もさほど増えないかもしれません。

フィジシャン・アシスタントと医療の質

やはりこれからは、日本でも国家資格としてのフィジシャン・アシスタントを導入し、そのための教育体制を構築するとともに、身分も給与も保証されたフィジシャン・アシスタントの育成を検討すべきです。それによって、医師を増やすことなく、医療の質の確保と効率化および雇用創出を同時に実現することが可能となるでしょう。

フィジシャン・アシスタントを導入すると医療の質が担保されない、という懸念には根拠がありません。現にアメリカではフィジシャン・アシスタント導入によって医療の質は担保されているばかりか、患者の満足度はむしろ向上しました。

また、フィジシャン・アシスタントを導入すると責任の所在が不明になる、という懸念も同様に根拠がありません。現にアメリカのフィジシャン・アシスタントは、医師の指導・監督の下に医療行為を実施しています。その最終責任は医師が負います。

医師の業務の多くをフィジシャン・アシスタントに移行することにより、医師はその本業たる専門的技術について実力を発揮することがいっそう求められることになります。

フィジシャン・アシスタント導入は、単なる医師不足解消のみならず、医師の専門性向上と表裏一体です。特に、外科医の本業は手術です。

手術以外の一切、術後管理の多くも外来業務も書類作成もフィジシャン・アシスタントに任せれば、外科医は手術に専念できます。

そうなると、手術数だけが必要外科医師数を推計する要因になり、養成すべき外科専門医の人数も決めやすくなります。

現にアメリカがそうしているように、外科専門医になるためには厳しいハードルを設け、医師1人当たりの手術件数を確保することにより、手術の技術向上と安全性確保が実現できます。

これぞ理想の医師不足対策ではないでしょうか？

第11章

どうしたら医療費を減らせるのか

1 医療費増加の要因

国民医療費の推移

国民医療費は年々増加し続けています。2015年度の国民医療費は42兆3644億円（人口1人当たり33万3300円）、国民医療費対GDP比率7・96％でした。**図表11－1**は、国民医療費・対国内総生産（GDP）及び対国民所得（NI）比率の年次推移を示しています。昭和30年～40年代後半の高度経済成長期、国民医療費が急増したにもかか

図表11-1　国民医療費・対国内総生産及び対国民所得比率の年次推移

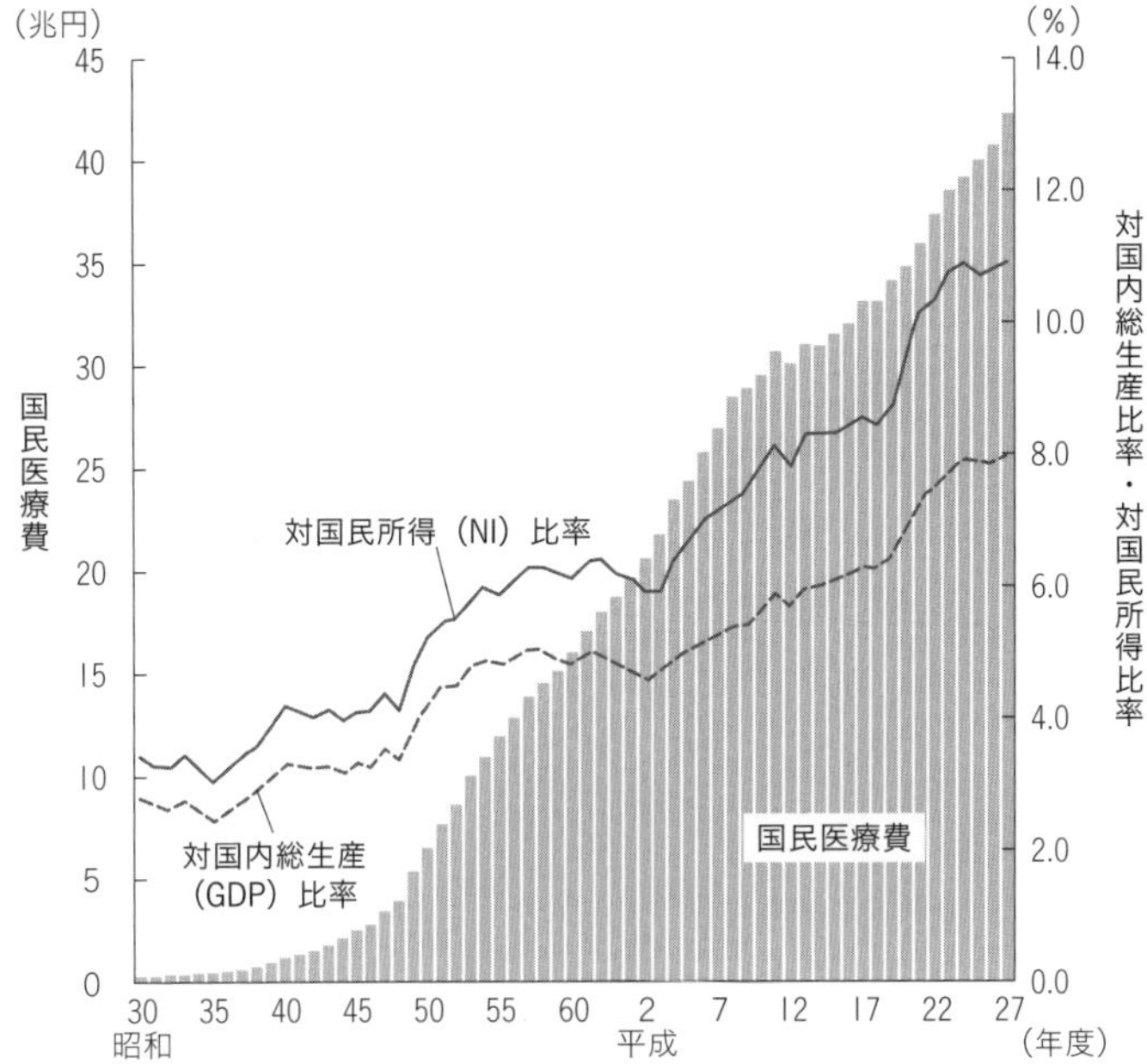

（出典）厚生労働省「平成27年度国民医療費の概況」

わらずGDPの伸びも大きかったため、国民医療費対GDP比率は4%弱でほぼ変化がありませんでした。

昭和48年はオイルショックの年であり、国民医療費対GDP比率は一時的に急上昇したものの、以降の昭和の時期は約5%でほぼ一定でした。

ところが、平成以降の大不況でGDPの伸びが停滞したにもかかわらず国民医療費は伸び続けたため、国民医療費対GDP比率は右肩上がりを続け、現在は約8%です。

医療費増加の要因とされてきたもの

これまでの国内外の医療経済研究

によれば、医療費増加の原因とされてきたたもののうち、「人口高齢化」の影響は意外に小さく、「医師誘発需要」の影響はほとんどなく、「医療制度」「国民所得の増加」「医療技術の進歩」の影響が大きいことが明らかになっています。

このうち最も影響が大きいものは「医療技術の進歩」です。[1]

ハーバード大学のジョセフ・ニューハウス教授らの研究によると、1960年～2007年の約50年間に、アメリカの総医療費上昇に影響した各要因の寄与率は次のようでした。[2]

①人口高齢化：7.2％
②医療保険の普及：10・8％
③国民所得の増加：28・7～43・1％
④医療技術の進歩：27・4～48・3％

第8章で示した通り、医師誘発需要の影響はほとんどないか、あってもわずかです。日本の場合、1961年にすでに皆保険を達成したので、「医療保険の普及」の影響は現在ほとんどありません。人口高齢化はアメリカよりも急激なので、その影響はもう少し大きいとみられます。経済成長期には「国民所得の増加」が顕著であり、それに伴って税収や保険料収入も増加したので、医療インフラは急速に整備され、国民医療費もそれにつれて急増しました。

しかしそれ以降の大不況の時代、国民所得はあまり伸びないのに、それを上回るスピードで国民医療費は増大しました。近年の医療費増加を「国民所得の増加」では説明できません。「医療技術の進歩」は目覚ましく、それによる医療費の増加の影響が最も大きいと考えられます。

人口高齢化の影響

「人口の急速な高齢化によって、医療費はどんどん上昇し続ける」という説が、特に日本では通説になっています。

厳密にいうと、これは一部正しいですが、一部は誤りです。

高齢化の直接影響によって急激に増大するのは、介護費用と年金です。高齢化により医療費はある程度増加しますが、高齢化がさらに進めば、高齢化の直接影響による医療費の増加は鈍化します。「高齢になるほど医療費がかかる」という通説を覆す実証研究は、すでに２０００

1　Xu K and Saksena P. The determinants of health expenditure : a country-level panel data analysis. WHO Working Paper 2011.

2　Smith S, Newhouse JP, Freeland MS. income, insurance, and technology : why does health spending outpace economic growth? *Health Affairs* 2009 ; 28 (5) : 1276-1284.

図表11-2　死亡時の年齢による医療費と介護費用の平均額

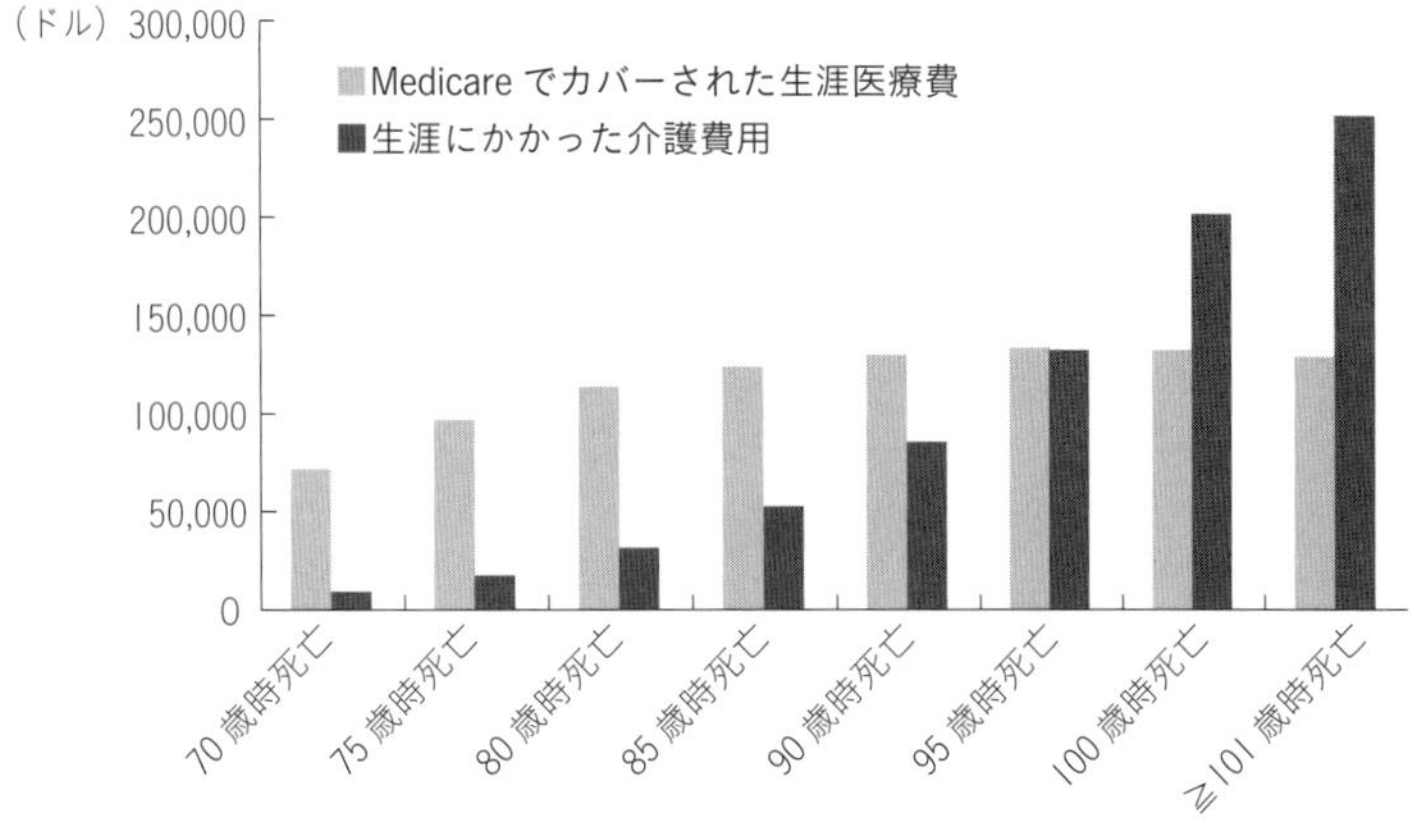

年に報告されています。[3]

図表11－2は、アメリカの65歳以上の高齢者を対象とした公的医療保険であるMedicare（メディケア）のデータを用いた研究です。対象者を死亡時の年齢によってグループ分けし、各グループに属する高齢者が生涯にかかった医療費と介護費用の平均を示しています。

生涯にかかった医療費（グレー色のバー）に着目すると、70歳時に死亡したグループに比べて、75歳、80歳、85歳に死亡したグループの生涯医療費が徐々に上昇しています。

しかし、85歳を過ぎると生涯医療費は伸びなくなります。対して、生涯にかかった介護費用（黒色のバー）は、死亡時年齢が上昇するほど急激に上昇します。

つまり85歳ぐらいまでは、寿命が延長すれば医療費もかさみます。しかし85歳より寿命が延びれば、医療費の伸びは止まり、それよりもむしろ介護費用が激増します。

すでに平均寿命が男女とも80歳を超えている日本に

あっては、今後さらに高齢化が進んでも、それを直接の原因とする医療費の増加はわずかであって、むしろ介護費用のほうが膨らんでいくことが予想されます。

医療技術の進歩

近年、効果が比較的高く副作用は少ないものの、非常に高額ながん治療薬が次々と生み出されています。手術などの危険度の高い治療も技術進歩によって安全性が高まり、これまで手術の対象とならなかった高齢者にも実施可能となってきました。

1つの例を示しましょう。

心臓の筋肉に直接血液を送る冠動脈が、動脈硬化によって狭くなったり閉塞することによっておこる病気を総称して、冠動脈疾患といいます。冠動脈疾患には、狭心症と心筋梗塞があります。

その治療は、初期には薬物治療が行われます。冠動脈がかなり細くなってくると、冠動脈形成術が行われます。この治療法では、手首の動脈からカテーテルという管を挿入し、カテーテ

3 Spillman B.C., Lubitz J. The effect of longevity on spending for acute and long-term care. *N Eng J Med* 2000 : 342 : 1409-1415.

ルの先端を冠動脈まで進めて、先端にあるバルーンを膨らませて狭くなった部分を押し広げます。

冠動脈形成術では、狭くなった箇所をバルーンで押し広げた後に再び狭くならないように、ステントと呼ばれる筒形の金網を血管の内壁にあてがうように挿入します。

かつては金属だけでできたステント（ベア・メタル・ステント）が用いられていました。その後、ステントに薬剤をコーティングし、溶出する薬剤によって再び狭くなることをさらに強力に防止することが可能となりました。これを薬剤溶出性ステントといい、日本では2004年9月から使用できるようになりました。

この薬剤溶出性ステントの登場によって、冠動脈疾患の治療は大きく変貌を遂げました。ステントを挿入するケースが大幅に増加したのです。それによって、これまで主として薬物で治療していた患者たちの一部にも冠動脈形成術が施されるようになりました。

DPCデータベースという医療ビッグデータを用いた筆者らの研究では、薬剤溶出性ステント導入の前後（2004年7月と2007年7月）を比較すると、薬物のみの治療を行う患者は69・5％から61・1％に減少し、冠動脈形成術の患者は24・8％から32・2％に増加しました。冠動脈バイパス手術の患者は5.7％から6.7％と大きな変化はありませんでした[4]。

このように、医療技術の進歩によって、これまで積極的な治療が行われなかった患者の一部にも新しい治療が施されるようになります。その結果、医療費は増大します。

さて、「医療費を抑制するためには医療技術の進歩を止めればよい」などという暴論が通用するはずがありません。仮に日本だけで医療技術の進歩を止めたとしても、世界中で医療技術は進歩するのですから、日本の患者は病気を治すために国外に出かけていく他なくなります。患者だけではありません。医師たちも日本に愛想を尽かして、国外に活躍の場を求めるに違いありません。そんな事態が日本国民にとって幸福であるはずがありません。

人口高齢化と同様に、医療技術の進歩は不可避です。となれば国民医療費を今より低くすることは、どだい無理な話です。

医療技術の進歩を止めることなく、なるべく医療費がかからない選択肢を模索して、国民医療費上昇を抑えることしか手立てはないでしょう。

そのためには、新しい医療技術がその費用に見合う効果を有しているかどうかを見極める必要があります。

第4章で紹介した「費用効果分析」の推進が、今後の医療費対策の重要なカギとなるでしょう。

4 Horiguchi H, Yasunaga H, et al. Impact of drug-eluting stents (DES) on treatment option mix for coronary artery disease in Japan. *Circ J* 2010 ; 74 : 1635-1643.

2 予防医療で医療費を減らせるか？

予防医療の重要性

予防医療とは、病気にかかることを予防したり、病気を早期発見・早期治療することにより、病気によって引き起こされる障害や死亡を減らすことを目指す医療です。

一次予防は、禁煙や食事・運動などの生活習慣の改善、社会環境の改善、健康教育などにより健康の増進と病気の予防を図ることです。

予防接種による感染症予防、事故防止対策による傷害の予防も一次予防に含まれます。

二次予防は、病気を健康診断や検診などで早期発見し、早期治療につなげることにより、病気の治癒や重症化予防を図ることです。

予防の重要性をいかに強調しても強調しすぎることはありません。病院で働く医師たちは、病気が起こった後の治療に追われています。

しかし、糖尿病を例にとると、健康診断を受けないために自分が糖尿病であることにすら気づかない人が多くいます。

また、健康診断で糖尿病を指摘されても医療機関を受診しない人も少なくありません。そうした病院に来ない患者たちに、病院にいる医師たちは何もできません。

糖尿病は初期には無症状です。無症状の段階から治療を開始することが重要です。筆者らの研究でも、メタボ検診で糖尿病と診断された患者がその後きちんと医療機関の外来に通院した場合、医師の指導によって良好な体重管理が可能となることが示されました[5]。きちんと通院して糖尿病の管理を行えば、糖尿病の合併症への進行を遅らせることもできます。

糖尿病が進行すると糖尿病性腎症などの合併症をきたし、その段階で症状が現れます。糖尿病を放置している患者は、糖尿病性腎症に至る確率が高くなります。

糖尿病性腎症の患者では、腎臓の機能が低下し、人工透析を一生受けなければならなくなることもあります。症状が出現してからはじめて受診し、すでに糖尿病性腎症で透析の一歩手前という患者も珍しくありません。日本では毎年新たに1万6000人もの糖尿病患者が腎症のために人工透析を開始しています。

無症状の糖尿病の患者のうち病院やクリニックに通院中の者は6割に過ぎず、残りの4割の糖尿病患者はいわば放置状態です。糖尿病の早期発見・早期治療が、健康寿命の延伸には不可欠です。

5 Ono S, et al. Impact of clinic follow-up visits on body weight control in people with prediabetes or diabetes mellitus : Japanese nonelderly cohort study. *Family Practice* 2017 ; 34 (5) : 552-557.

予防対策で医療費は減らせない

ごく一部の予防対策は、医療費を削減できます。その1つが予防接種です。小児の細菌性髄膜炎の60％はヘモフィルス・インフルエンザ菌b型が原因です。この病気の死亡率は約5％、重い後遺症の残る確率は約25％です。子供が亡くなることは、親にとってはたとえようもなく悲しいことです。しかし、小児へのヘモフィルス・インフルエンザ菌b型（H・i b）ワクチン接種によって死亡率も後遺症が残る確率も低下します。それだけでなく、髄膜炎にかかった場合にかかる高額な医療費もかかりません。

その他の予防対策の例として、コンドーム使用はＨＩＶ感染予防に有効であり、ＨＩＶにかかった場合に生涯にかかる治療費がかからずに済むので、医療費削減効果もあります。

しかしこのようなごく一部のケースを除き、多くの予防対策は医療費を削減できません。一般には、これら予防対策を進めれば、病気にかからずに済むので医療費を削減できると考えられています。はっきり言いましょう。その考えは誤りです。

禁煙対策、メタボ健診、がん検診などの慢性疾患予防対策は、長期的にはむしろ医療費・介護費を増加させます。これは医療経済学の専門家の間ではほぼ共通認識です。

予防対策は健康寿命の延伸が目的であり、医療費削減が目的と考えるべきではありません。予防によって健康寿命延伸を達成できる可能性はあるものの、予防で医療費削減は達成できません。

政府は、国民医療費を削減する手段の1つとして、予防医療の推進をたびたびスローガンに掲げています。2006年に厚生労働省は、メタボ健診によって2025年には約2兆円の医療費を削減するという目標を掲げました。

しかしこの推計値に科学的根拠は全くありません。達成できないスローガンは無意味です。なぜこれら予防対策が医療費を削減できないのでしょうか？　理由は簡単です。

慢性疾患予防対策は、慢性疾患にかかるタイミングを先送りしているだけです。多くの人がいずれ、がん・心臓病・脳卒中などの慢性疾患にかかり、いずれ死亡します。死ぬ間際の数年間に確実に医療費はかかります。つまり医療費がかかるタイミングも先送りしているだけであって、生涯にかかる医療費の総額は削減できません。

以下、個々の予防対策について、個別に解説しましょう。

禁煙対策は絶対に必要だが、医療費を確実に増加させる

禁煙対策や受動喫煙防止対策は、絶対的に必要です。強力に推進すべきです。日本の受動喫煙対策の甘さを恥じるべきです。

受動喫煙は、マナーの問題という次元の話ではありません。これは健康被害の問題なのです。

徹底的な対策をやって当たり前です。厚生労働大臣が国の政策として受動喫煙対策を推進しようとしても、与党の議員がこれに反発します。情けない限りです。

喫煙によって、がん・心筋梗塞・脳卒中・慢性閉塞性呼吸器疾患などのタバコ関連疾患にかかりやすくなります。その科学的根拠は山ほどあります。

喫煙者が禁煙すれば、以降はタバコ関連疾患にかかりにくくなることもよく知られています。受動喫煙も同じく、がん・心筋梗塞・脳卒中などにかかりやすくなります。それだけでなく、乳幼児突然死症候群や小児の気管支喘息にも関係しています。

それはさておき、禁煙対策を推進すれば、医療費を削減できるでしょうか？

禁煙対策によって、がん・心筋梗塞・脳卒中などの患者が減少し、それら疾患の治療費がかからなくなるから、医療費も削減できるのでしょうか？

答えはノーです。

禁煙対策によって、短期的には医療費は減少します。しかし長期的には医療費は増加します。20年前からそのことは明らかです。

１９９７年にニュー・イングランド・ジャーナル・オブ・メディシンに掲載された論文が、そのことを指摘しています[6]。

論文では、喫煙グループと非喫煙グループにかかる医療費を生涯にわたって比較するシミュレーション分析の結果が示されました。それによると、40－60歳代では喫煙グループの方が非喫煙グループよりも医療費は少し高くなっていました。しかし、70歳を過ぎるとそれは逆転し、非喫煙グループの医療費が高くなります。その結果、生涯にかかる医療費の総額は非喫煙グループの方がむしろ高くなります。

同様の研究結果は、その後も他の複数の論文で繰り返し示されています。

アメリカの約60万人の成人データを用いた分析の結果によると、禁煙によって寿命は平均3.7年間延長します。禁煙による健康の改善によって、短期的には医療費が1人当たり5600ドル減少します。ところが、寿命延長に伴う医療費増加が1人あたり7300ドルとなります。結果的に、生涯にかかる医療費の総額は増加します。[7]

日本の研究もあります。

40歳男性の喫煙グループと非喫煙グループを生涯にわたって追跡するモデル分析の結果によれば、短期的には喫煙グループの方が年間医療費が高くなっていました。しかし喫煙グループは早期に死亡する確率が高く、生涯にかかる医療費はむしろ低くなっていました。[8]

6 Barendregt JJ, et al. The health care costs of smoking. *N Engl J Med* 1997 ; 337 : 1052-1057.
7 Yang W, et al. Simulation of quitting smoking in the military shows higher lifetime medical spending more than offset by productivity gains. *Health Affairs* 2012; 31 : 2717-2726.
8 Hayashida K, et al. Difference in lifetime medical expenditures between male smokers and non-smokers. *Health Policy* 2010 ; 94 : 84-89.

タバコ関連疾患と言われる病気は、タバコ以外の原因でもかかります。最大の原因が加齢です。非喫煙者が40－60歳代にがん・心筋梗塞・脳卒中などの病気にかかる確率は低くなっていますが、70歳を過ぎると加齢を主な要因としてこれらの病気にかかる確率は高まります。これらの病気にかからなかったとしても、それ以外の病気、例えば認知症になる可能性もあるでしょう。

つまり、長生きすれば誰しも病気にかかりやすくなります。その結果、生涯医療費は高くなります。

喫煙者は現役で働いている世代でもがん・心筋梗塞・脳卒中などにかかりやすく、早期に死亡する確率は非喫煙者より高いですが、死亡した後は医療費も介護費も年金もかかりません。しかし何度でも言いますが、禁煙対策は絶対に推進すべきです。健康という何事にも代えがたい価値を得られます。しかしそれを実現すれば、結果的には生涯にかかる費用は増加します。

「医療費がかかるから禁煙対策は推奨されない」という本末転倒の議論はありえません。喫煙者が「医療費がかからないのなら、お金の面では人に迷惑をかけていないのだから、喫煙してもいいではないか」と主張するならば、それも誤りです。

喫煙が原因で現役世代の多くが病気にかかっています。病気で倒れれば、働けなくなって収入が減ります。健康であればできることができなくなります。趣味を楽しむこともできなくなります。いろんな意味で損をするのです。

がん検診はがん医療費を増加させる

ある医療サービスに効果がなければ、そのサービスにかかる費用がどれだけ安価であろうと、仮に無料であったとしても、そのサービスを受ける意味はありません。ある医療サービスに効果がある場合、費用との兼ね合いで、以下の3つのパターンに分けることがあります。

パターン1 ある医療サービスに効果があり、なおかつそのサービスを受けなかった場合に比べて医療費が削減される場合、cost-saving（コストセービング）であるといいます。

パターン2 ある医療サービスに効果があり、そのサービスを受けなかった場合に比べて医療費は増加するものの、費用の増分に見合った効果である場合、cost-effective（コストエフェクティブ）であるといいます。

パターン3 ある医療サービスに効果はあるものの、そのサービスを受けなかった場合に比べて医療費は大幅に増加し、費用の増分に見合った効果とは言えない場合、cost-ineffective（コストインエフェクティブ）であるといいます。

パターン１に該当するのは、前述の通り予防接種などごくわずかです。効果のある医療サービスのほとんどはパターン２かパターン３のどちらかです。

がん検診には、死亡率を減少させる効果が科学的に証明されているものと、そうでないものがあります。大腸がん検診や乳がん検診などいくつかのがん検診には死亡率を減少させる科学的根拠があります。

一方、ＰＥＴがん検診の死亡率減少効果について、科学的根拠は不十分です。しかし効果が証明されているがん検診は推奨されるべきです。しかし効果のあるがん検診のいずれも、上記のパターン１には属しません。

すべてのがん検診は、医療費を確実に増加させます。つまりパターン２かパターン３のどちらかです。たとえ効果があっても、パターン３に属するがん検診は推奨されません。パターン２に属するがん検診は費用対効果に優れるといわれ、推奨されます。

具体的に見ていきましょう。

例えば前立腺がん検診は、前立腺がんにかかる医療費を倍増させます。欧州での前立腺がん検診の費用分析によると、非検診グループ10万人から25年間に２３７８人の前立腺がんが発見され、検診・治療を含めた総費用は約３０００万ユーロと試算されました。一方、検診グループ10万人からは４９５６人に前立腺がんが発見され、その総費用は約６０００万ユーロと試算されました。

前立腺がん検診の費用を押し上げる最大の要因は、過剰診断・過剰治療による余剰費用です。がん検診で見つかる早期の前立腺がんには、進行のスピードが非常に遅いがんも含まれます。そのような早期がんは、そのまま放置しても進行がんに至ることがありません。生涯にわたって発症せず、検診を受けなければ発見されることもないため、「潜在がん」ともいわれます。

このようながんを発見してしまうことを「過剰診断」といいます。発見された時点では、放置しても進行しないのか、放置すると進行がんに至るのか、明確には区別がつきません。そのため多くは手術や放射線治療などの対象となります。[9]

前述の欧州での費用分析によると、検診グループにかかった費用の内訳は、検診自体の費用が総費用の約5％にとどまり、過剰診断・過剰治療にかかるコストが総費用の約39％に上りました。[10] ２０１４年に報告された前立腺がん検診の費用効果分析の結果では、55－59歳で検診間隔が２年のグループでは質調整生存年（ＱＡＬＹ）１年増加当たり7.3万ドルでした。[11]

9 康永秀生「医療経済から見た前立腺がん検診の効率性」『日本腎泌尿器疾患予防医学研究会誌』2012；20（1）：59-61

10 Heijnsdijk EA, et al. Overdetection, overtreatment and costs in prostate-specific antigen screening for prostate cancer. *Brit J Cancer* 2009；101：1833-1838.

11 Heijnsdijk EA, et al. Cost-effectiveness of prostate cancer screening：a simulation study based on ERSPC data. *J Natl Cancer Inst.* 2014；107：366.

一般に、費用対効果に優れるか劣るか、つまりパターン2とパターン3のどちらかを判定するために用いられる1QALY増加当たり費用の境界は、アメリカでは5－10万ドル／QALYとされています。7.3万ドルという結果はこの境界の上限値を下回っています。したがって、60歳未満の前立腺がん検診は費用対効果に優れる、すなわちパターン2と判定されました。

しかし65歳以降になると、過剰診断によるQALYの減少により費用対効果が劣ってくる、つまりパターン3に該当することも示されました。

がん検診はお金をケチるためにやっているのではありません。お金をかけて、がんによる死亡を減らすことを目標にやっています。死亡率減少効果がなければ、あるいは多少の効果があってもそれに見合わないべらぼうなお金がかかる場合は、税金を使ってまでそのがん検診をやるべきではありません。

メタボ健診に医療費削減の根拠なし

メタボリック・シンドローム（通称「メタボ」）とは、内臓肥満に高血圧・高血糖・脂質代謝異常が重なり、心筋梗塞や脳卒中などの血管病にかかりやすい状態を示しています。

40～74歳までの公的医療保険加入者全員を対象として、「メタボ健診」（正式には「特定健康診査・特定保健指導」）が実施されます。

メタボ健診では「腹囲」を計測します。男性では85㎝、女性では90㎝が基準値です。腹囲が基準値を超えているからといって、ただちにメタボと診断されるわけではありません。血糖値・脂質（中性脂肪およびＨＤＬコレステロール）・血圧などの検査項目と併せて診断されます。

受診者はメタボの危険度に基づいた特定保健指導（積極的支援と動機付け支援）を受けられます。

メタボ健診自体の効果がどの程度か、科学的根拠はまだ十分とはいえません。検査の基準値の妥当性についても、医学的なコンセンサスはいまだに得られていません。

とはいえ、メタボ健診や特定保健指導を受ければ、自分の健康状態をある程度把握し、健康管理について理解が深まり、生活習慣を改善しようという動機づけにはつながります。

もちろんそれには個人差があって、健診や保健指導を面倒くさいと感じている人にはあまり効果がないかもしれません。

このあたり、受診者の行動変容をどうやって促すかについては、まだまだ研究の余地が残されています。

近年、メタボ健診とその後の医療機関の受診履歴を併せたビッグデータが整備されつつあります。レセプト情報・特定健康診査等情報データベース（ＮＤＢ）という名称です。

このデータの一部を用いて、2014年に厚生労働省の「特定健診・保健指導の医療費適正化効果等の検証のためのワーキンググループ」という研究グループが、特定保健指導によるメタボの改善度を評価した分析結果が公表されました。

積極的支援を受けた受診者のうち、翌年の健診でメタボが改善していた割合は、男性では2～3割、女性では3～4割であったといいます。まずまずの結果です。

また、この研究結果では、特定保健指導が短期の医療費を削減する可能性も示されました。特定保健指導を受けたグループは、受けなかったグループに比べて、翌年度の外来医療費が、男性では1人当たり5340円（34・8%）、女性では1人当たり7550円（34・0%）低くなっていました。ただし、この数値にはメタボ健診自体にかかった費用は計上されていません。仮にメタボ健診が短期的に医療費を削減できるとしても、長期的な医療費削減効果は不明です。メタボ健診によって血管病にかかることを完全に防ぐことはできません。

メタボ健診によってそれを先送りできたとしても、いずれは加齢が原因となって血管病にかかる可能性は十分にあります。あるいはそれら以外の疾患、例えばがんや認知症にかかるかもしれません。

つまり、メタボ健診によって、医療費がかかるタイミングが先送りされるのであって、生涯にかかる医療費の総額の抑制にはつながらないかもしれません。

2006年に厚生労働省は、メタボ健診によって2025年には約2兆円の医療費を削減するという目標を掲げました。元財務官僚で現・山形大学教授の村上正泰氏が、この数値目標の設定にかかわっていたそうです。同氏は自著において、当時の状況を次のように記されています。

「根拠のない数値目標を設定する意味などまったくありはしない。私は当時、厚生労働省においてこの数値目標の設定を担当していたが、『なんらかの指標が必要』という小泉総理の言葉を受けて、仕方なく『えいやっ』と設定しただけの代物なのだ[12]」

人気取りを優先する政治家によって、行政はゆがめられるのです。私のごとき一介の学者には、そのような実情を具体的に知る由もありませんでした。それを教えてくれた村上氏に敬意を表したいと思います。

不摂生者の医療費負担に腹が立つ？

２０１３年４月25日の『東京新聞』に、うんざりするような話が書いてありました。

12　村上正泰『医療崩壊の真犯人』ＰＨＰ新書、２００９年。

「不摂生者の医療費負担　腹が立つ　麻生太郎副総理兼財務相」
麻生太郎副総理兼財務相は二十四日、都内で開かれた会合で、医療費負担について「食いたいだけ食って、飲みたいだけ飲んで、糖尿病になって病院に入っている奴の医療費は俺たちが払っている。公平ではない。無性に腹が立つ」と述べた。「生まれつき体が弱いとか、怪我をしたとかは別の話だ」とした。

糖尿病患者は「食いたいだけ食って、飲みたいだけ飲んで」いる人ばかりではありません。特に日本人の糖尿病は、過食や肥満とは関係がないやせ型の糖尿病が多いのです。もともと膵臓からのインスリンの分泌能が低下しているタイプの糖尿病です。このタイプの患者は、十分に節制しているにもかかわらず糖尿病を患っています。

また、糖尿病は貧困やストレスなどの社会環境要因とも関連しています。そうした要因は個人の努力ではいかんともしがたいのです。

麻生さんは医師ではないので、これらに関する知識不足は仕方がないでしょう。

うんざりしたのは、医療費に関することです。人間だれしも年齢を重ねれば病気になり、医療費はかかり、さらに死ぬ間際の数年間に多額の医療費がかかります。麻生さんもいずれは病気になって医療費がかかるはず。そのとき誰が麻生さんの医療費を払うのでしょう?

「花粉症ゼロ」は実現できるか?

2017年10月の衆議院議員総選挙で、某政党が「花粉症ゼロ」という選挙公約を掲げていました。「交通事故ゼロ」と同じぐらい不可能な話です。「交通事故を減らす」ことは可能ですし、現実に様々な対策によって交通事故による死者は減少しています。せめて「花粉症を減らす」という公約ならば、まだしもリアリティーはあります。そもそもいかなる選挙公約にもリアリティーはなく、大言壮語なのかもしれませんが・・・。

「花粉症を減らす」対策ならば、すでに林野庁が進めています。花粉の量が少ない新種のスギの苗木に植え替える作業を地道にやっているのです。苗木を開発し、それを植えて成長させるには数十年の歳月がかかります。また、伐採したスギの木を出荷し採算がとれるように、すなわち林業として成り立つように、努力と工夫を重ねています。

そういう地道な対策を行って「花粉症を減らす」ことはできても、「花粉症ゼロ」にはなりません。スギだけでなく、ヒノキ、カモガヤ、クヌギ、ブタクサ、ヨモギなど、花粉症を起こしうる植物は数限りなくあります。植物がある限り花粉症はなくなりません。

医療の面でも、減感作療法を行おうと、鼻粘膜焼灼手術を行おうと、花粉症の完全治癒などありえません。アレルギーの原因物質の多様性と、アレルギーの生理的メカニズムの複雑性を併せ考えれば、花粉症を完治させる特効薬が発明されることも考えにくいでしょう。

花粉症をゼロにすることも、花粉症の医療費をゼロにすることもできません。できることと言えば、花粉症の患者に症状がひどくなる前に医師にかかってもらい、十分な治療を受けて、なるべく症状をコントロールしてもらうことに尽きます。そのための費用を支援するという公約ならば、その是非はともかくとして、実現性はあるでしょう。

3　国民医療費の高騰を抑えるには

これまでの医療費抑制政策

それでは最後に、どうしたら医療費を抑制できるのかを、具体的に考えるために、過去の対策を見てみましょう。

これまでに政府が行ってきた医療費抑制政策のメニューのうち、主なものとして、(1)2年ごとの診療報酬改定における全体改定率の設定、(2)患者自己負担の引き上げ、などが挙げられます。

このうち医療費抑制の効果が比較的大きいのは(1)です。(2)の効果は限定的です。しかし、いずれの方法も、医療の中身は考慮せず医療費全体を一律に切り捨てるというアプローチであり、その限界もすでに明らかになっています。

⑴全体改定率の設定

診療報酬とは、医療機関や調剤薬局などが提供するサービスに対する全国一律の公定価格です。政府は2年ごとに診療報酬の改定率を設定します。改定率は、前年と比較したその年の診療報酬の価格水準の全体としての変化率を示します。

マイナス改定の年は、診療報酬の価格水準も全体として下落します。しかし、国民医療費はその年に行われた医療に対する診療報酬支払いの総額であり、改定率と医療費の総額の変化率は一致しません。なぜなら、価格が下がっても医療の需要が増えれば医療費は増加するからです。

実際、改定率がマイナスであった年でも、その年の国民医療費は前年と比べて増加していきます。とはいえ、改定率は国民医療費の変化率とイコールではなくても、強い相関はあります。改定率がマイナスに抑えられ続ければ、国民医療費の増加もある程度抑えられます。

こういった日本式の医療費抑制政策は、「総額抑制（global budget）」の一種です。医療費の総額抑制を行っているのは、日本とイギリスです。

両国でそのやり方は異なっているものの、それを行っていない他の先進国と比べて、総医療費の抑制が比較的効いています。

しかし総額抑制は、医療の質を考慮しないで全体的に医療費を締め上げる方法であり、度が過ぎると医療の質の低下を招くおそれがあります。

イギリスではかつてそれが現実に起こりました。医師不足も看護不足も顕著となり、病院は人手不足となって、がんの患者が手術を受けるために数か月も待たなければならないような事態に陥りました。そんなに待てない患者たちは、ドーバー海峡を渡ってフランスの病院で手術を受けたそうです。

日本で医療の質が顕在化していないのは、医療従事者が過重労働でそれを補っているためと考えられます。

(2) 患者自己負担の引き上げ

かつて日本では、老人医療費の自己負担額が無料であった時代がありました。

1969年当時の東京都知事は、マルクス経済学者で社会党・共産党の推薦を受けた美濃部亮吉でした。

彼は東京都における老人医療費の患者自己負担を無料化してしまいました。その動きは他の自治体にも広がっていったのです。

田中角栄内閣は1973年を福祉元年と位置づけ、豊富な税収入をもとに、社会保障の大幅拡大を図りました。その一環として、東京都から始まった老人医療費無料化の動きを受けて、国全体に老人医療費無料制度を導入しました。

当時の厚生省は大反対だったそうです。フリーアクセス、出来高払い、自己負担なしの3点セットは、医療費を確実に増大させます。実際、その後の10年間で老人医療費は2倍に増加しました。そして厚生省保険局長であった吉村仁が1983年に「医療費亡国論」をぶちあげることになったのです。

1983年に老人保健法が施行され、老人医療費無料制度は廃止され、定額自己負担（外来1ヶ月400円、入院1日300円）が導入されました。自己負担額はその後たびたび増額され、2002年には定率自己負担（1割）となりました。

これら一連の自己負担増にもかかわらず、高齢者の医療機関への受診抑制の目立った効果はなく、医療費はその後も伸び続けました。

第6章でも示したように、アメリカのRAND研究においても、自己負担割合が低くなると医療機関の外来を受診する回数が増えることは実証されています。しかし、受診回数が増えても、患者の健康状態の改善には影響は認められませんでした。ただし低所得者については、自己負担が高すぎると医療機関にかからなくなり、健康を害する可能性が指摘されました。低所得者に限定した自己負担軽減策は必要といえます。

これからの医療費抑制政策

▼医療費抑制の処方箋

医療費の抑制は難しいといえます。政治判断でコントロールできる部分は限られています。医療費増加の要因のうち、最も大きいのは医療技術の進歩です。これ自体はコントロールできません。

できることは、医療の無駄の削減でしょう。個々の医療サービスの効果を再検証し、効果がない医薬品や医療機器の使用はやめることです。

かぜに抗菌薬はさっさとやめる、それ以外にも効果のない薬は使わないようにする。費用対効果が優れる医療サービスを選択し、そうでない医療サービスの利用をなるべく控えることです。

CTやMRIといった高額医療機器の導入は政府が規制すべきです。それによって、医療機関の設備投資費用を軽減し、全国的な高額医療機器の非効率な配置を解消し、必要最小限の台数の医療機器を高い稼働率で利用することを促進します。

それと同時に、医療従事者はChoosing wisely（賢く選ぼう）の原則に則って、検査を必要最小限度にとどめるように努力すべきです。

患者・国民の合意を前提として、医療機関と行政が協力し、高度急性期医療の選択と集中、病床の機能分化、療養病床の廃止、医療と介護の連携、家庭医の養成、在宅医療を推進すべきです。

それらにより、積年の課題である病院・病床数の非効率の解消を目指すべきです。経済成長期に作った過剰な医療インフラをスリム化することにより、医療費高騰を抑えられるはずです。また、医師のタスクシフティングを進めることにより、医師数をこれ以上増やすことなく、総人件費を抑えつつ、医師・非医師双方の仕事満足度を高め、なおかつ医療の質を高めることができます。

▼アクセスを制限し質・費用を改善する

すべての経済問題においてトレードオフが存在します。トレードオフとは、1つのことを改めようとすると、他の何かを犠牲にしなければならないことです。

医療には、アクセス・質・費用という3つの要素があり、同時に3つを改善することはできません。どれか2つを改善すれば、残りの1つを犠牲にしなければならない、トレードオフの関係にあります。考えられる選択肢は、次の3つしかありません。

①質を犠牲にする

アクセスを良くし、費用を抑えようとすれば、医療の質が下がります。今の日本の医療が置かれている状態に最も近いでしょう。

医療サービスは、需要が過剰になってもそれに応じて供給量を増やさざるを得ず、結果的に需要と供給は必ず等しくなります。売り切れ御免で客を追い返すわけにはいきません。医師は連日、外来に黒山の人だかりができていても、すべての患者をさばかなければなりません。個々の医療機関がそれを何とかする方法は2つあります。

1つは人件費を増やして医師を増員することです。しかし、予算制約の下ではそれができません。

もう1つの方法は、患者1人当たりの診療時間を極限まで短縮し、3分診療などと揶揄されても、少ない医師数でさばき切ることです。需要と供給のギャップを質の低下によって辻褄合わせしてしまうのです。現状では、こちらの方法が採られています。

以上は外来診療の話です。入院医療はまた事情が異なります。需要が過剰になってもそれに応じて供給量を増やさざるを得ない点は、外来も入院も同じです。

しかし外来とは異なり、入院医療の質を落とすことはできません。なぜなら、質の低下が患者の命に直結するからです。

ところが、医療費の抑制圧力の下で、個々の病院が人件費を増やして勤務医を増員することはできません。そこでこれまで行われてきたことが、病院のブラック企業化です。医師の過重労働によって、医療の質の低下を何とか食い止めてきたのです。しかしそれにも限界があります。

このままでは日本の医療は「安かろう、悪かろう」の道を突き進むでしょう。

②費用を犠牲にする

費用を高くして、アクセスも良く、質も高くする。つまりお金に糸目をつけないという方法です。

現状の日本では、フリーアクセス制度によって、国民の医療へのアクセスは非常に良い状態です。その上に医療の質をさらに高めることを望むのならば、国民が負担する医療費を際限なく上げなければならなくなります。

超高額の医療サービスを誰でも無料で受けることができるのならば、医療費は青天井になります。この選択肢に同意できる国民はほとんどいないでしょう。

では、お金をたくさん払える人には良質の医療を、お金を少ししか払えない人には低品質の医療を提供し、お金がない人には医療を提供しない制度に変えればいいでしょうか？ 現にアメリカがそれをやっています。

医療サービス配分の公平性を重視する日本では、この選択肢に同意できる国民は少ないでしょう。

③アクセスを制限する

持続可能な医療制度を実現するために、上記①②ともに選択肢になりえないのならば、残るは「アクセスを制限し、費用を抑えつつ、医療の質を維持する」という選択のみです。

現状の日本は、アクセスが良いことが費用を押し上げる圧力になっているところに、無理に費用を下げようとして、それが結局は質の低下の圧力になっています。

医療従事者が最後の砦となって、質の低下を何とか食い止めようとしていますが、それも限界にきており、医療崩壊の危機に瀕しています。

一連の流れの最上流にある「アクセスが良いこと」を制限することによって、費用を抑えつつ、医療の質を維持することが可能になるはずです。

▼医療の構造改革

「アクセスを制限し、費用を抑えつつ、医療の質を維持する」ことを実現するために、医療の構造改革が必要です。「構造改革」といっても、**第9章**に書いた小泉構造改革における「株式会社の参入」とか「混合診療解禁」といった的外れな話ではありません。

第6章で記した「フリーアクセスの廃止」と、**第7章**で言及した「病床数の非効率の改善」の2本立てです。

①フリーアクセスの廃止

現状のフリーアクセス制度では、1人の患者をいろんな医師が診ているものの、どの医師も一元管理していない状況になっています。

患者が医療機関をハシゴ受診し、重複処方を受ける状況が、ポリファーマシーなどの弊害を生んでいます。

フリーアクセスを廃止し、家庭医が患者を一元管理する制度を導入すべきです。住民1人当たり定額報酬を受ける「人頭払い」の仕組みを導入し、家庭医が地域住民の健康管理や疾病予防を担当するシステムです。

各住民は地域にいる複数の家庭医から1人を選んで登録します。一人ひとりの住民は自分が選んだ家庭医にしかかかれません。その意味でアクセス制限です。

しかし住民は、自分が選んだ家庭医に、健康・医療に関するあらゆることを相談できます。専門医を紹介してもらうこともできます。病院ランキング本に頼らなくても、家庭医に聞けば、どこの病院のどの医師にかかればよいか教えてもらえます。薬は家庭医が一元管理するため、ハシゴ受診も重複処方もなくなります。

家庭医は、いくら検査をやっても薬を処方しても患者1人当たりの月額収入は同じとします。家庭医には一定の収入が保証され、安定的なクリニック経営ができます。

無駄な処方や検査は一掃され、国民医療費の中で製薬会社・医療機器メーカー・検査会社に流れていた費用を削減できます。「かぜに抗菌薬」とか「軽症頭部外傷にCT」といった馬鹿げた風習も一網打尽に解消されるでしょう。

家庭医の導入によって、病院は家庭医からの紹介患者と救急患者以外、外来患者を受け入れないこととなります。

専門的な治療が終了すれば、速やかに家庭医のもとに患者を送り返し、その後のフォローアップを任せます。病院は専門的な診療に専念し、入院医療に資源を集中できます。

これにより、医師の過重労働も緩和され、入院医療の質の向上にも寄与します。

②病床数の非効率の改善

日本は病院が多すぎるため、医師が分散し当直体制を組むことも難しくなっています。大病院に集約すべき高度医療技術が中小病院にも分散され、個々の病院の症例数も分散され、技術水準の維持すら困難な状況に陥っています。

病院が多すぎるため、国民はどこの病院にかかっていいか判断できません。そのため病院ランキング本が売れてしまいます。

規模の経済性を活かすために、高度医療機能の選択と集中を進めるべきです。高度医療技術はセンター化し、その病院でなければ受けられない、その病院に行けば確実に高い技術の治療を受けられる、というような病院配置の在り方が理想です。

ランキング本に書かれた不確かな情報を元に、患者が右往左往するような現状も解消すべきです。

日本は経済成長期に、150万床の病床という巨大な医療インフラを作ってしまいました。それを徐々にスリム化すべきです。医療機関は高度急性期、急性期、回復期に分業すべきです。療養病床は廃止し、家庭医による在宅医療に移行して、医療機関が行政や住民と協力しながら、介護と連携した地域包括ケアシステムを確立していくことが、わが国の医療・介護を末永く維持するために必要不可欠なのです。

[著者紹介]

康永 秀生（やすなが　ひでお）

東京大学大学院医学系研究科臨床疫学・経済学　教授。医学博士。


平成６年に東京大学医学部医学科を卒業後、６年間外科医として病院勤務。

平成12年より東京大学大学院医学系研究科公衆衛生学（博士課程）、医療経営政策学（特任准教授）、ハーバード大学医学部Health Care Policy（客員教員）などを経て、平成25年４月より現職。

日本臨床疫学会理事。*Journal of Epidemiology* 編集委員。

専門は、臨床疫学、公衆衛生学、医療経済学。

研究テーマは、医療ビッグデータを用いた臨床研究および医療経済研究。

平成30年２月までに執筆した英文論文数は約350編。

著書に『必ずアクセプトされる医学英語論文完全攻略50の鉄則』『できる！　臨床研究 最短攻略50の鉄則』（金原出版）など。

健康の経済学――医療費を節約するために知っておきたいこと

2018年４月25日　第１版第１刷発行

著　者　康　永　秀　生
発行者　山　本　　継
発行所　㈱ 中 央 経 済 社
発売元　㈱中央経済グループパブリッシング

〒101-0051　東京都千代田区神田神保町1-31-2
電話　03 (3293) 3371（編集代表）
03 (3293) 3381（営業代表）
http://www.chuokeizai.co.jp/
印刷／三 英 印 刷 ㈱
製本／誠 製 本 ㈱

ISBN978-4-502-26301-9　C3033